陸上競技入門ブック

跳躍

第2版

ベースボール・マガジン社

はじめに

　初版が発売されてから9年が過ぎて今回第2版を出版することになりました。初版発売時には、まだ東京オリンピックの開催も決まっておらず、跳躍復活を目指して強化をしていることを書いていたことを思い出します。

　日本は戦前、跳躍種目が強く、特に三段跳は日本の「お家芸」と呼ばれていました。日本人初のオリンピック金メダリストである織田幹雄さんは1928年のアムステルダム大会の男子三段跳で優勝しました。以降も、南部忠平さんがロサンゼルス大会（1932年）で、田島直人さんがベルリン大会（1936年）で世界新となる16m00で金メダルを獲得して、オリンピック3連覇の偉業を達成しました。そして、この時期には織田さんが三段跳で15m58、南部さんが走幅跳で7m98の世界記録を樹立しています。

　それからしばらく低迷した時期もありましたが、2016年に行われたリオデジャネイロ・オリンピックでは跳躍から7名の選手が出場し、澤野大地選手が入賞しました。2019年は戸邉直人選手が世界陸連が主催するワールドインドアツアーで男子走高跳のチャンピオンとなり、ドーハの世界陸上では橋岡優輝選手が男子走幅跳で8位入賞を果たすなどの活躍をしています。

そして 2020 年は地元東京でオリンピックを迎えるはずでした。しかし、新型コロナウィルスの影響で大会は延期となっています。

　こうした状況下での第 2 版となりましたが、基本的なコンセプトは初版と変わらず「気持ちよく跳んで記録を伸ばす」にはどうしたらいいのかということに焦点をあてています。鍵になるのは「グン」と地面反力（反発）を受けることです。脚の動かし方などは二の次で、この反発を感じることこそが最も大切だと私は今も考えています。この反発を、できるだけ速い助走スピードで感じることができれば、高く、遠くに跳ぶことができると思っているからです。

　本書では中高生を対象に、跳躍でポイントとなる軸づくり、踏み切りのリズム、練習方法などについて、写真やイラストを多く使い、わかりやすく解説しています。また動画にもリンクしていて、動きがよりイメージしやすいものとなっています。本書の練習方法を参考に、自分に合った技術を身につけ、跳躍を楽しんで、記録を伸ばしてください。

吉田 孝久

デザイン／橋本千鶴
解説写真／長岡洋幸
編集協力／リュクス
動画編集／アイムプロダクション

PART1

跳躍種目の基本

走高跳や走幅跳、三段跳などの
跳躍種目に共通する
トレーニングの考え方やプラン、
運動の基本となる軸づくり、
助走マークの設定方法などを
理解しておきましょう。

陸上競技と跳躍種目

古代オリンピックのはじまりとともにあった陸上競技は、現代のオリンピックにおいても、いわば人気集中のメインイベント。走る、跳ぶ、投げるという人間本来の、そして究極の運動能力を競い、結果が瞬時にわかる、すぐれたパフォーマンスが観る者の眼と心に直接響く競技であることが、その大きな魅力となっています。なかでも跳躍種目は観客の注目を集めやすく、フィールド種目ならではの魅力を備えています。

結果が瞬時にわかる競技

陸上競技は「走る」「跳ぶ」「投げる」という人間本来の最も基本的な運動を扱う競技であることに大きな特徴があります。それも、水中や空中などでなく、人間本来の居場所である地面の上で、つまり重力というものに逆らいながら、いかに競技力を伸ばすかが問われる競技でもあります。

また、陸上競技は、たとえば体操競技のような採点競技とは違い、"勝ち負け"が誰の目にもはっきりしている、結果が瞬時にわかる、公平な数字（記録）として残るということにも大きな特徴があります。

ルールに基づいた競技特性を活かしながらパフォーマンスを追究し続けられることが陸上競技の特徴であり、面白みの一つといえるでしょう。

オリンピックの花形競技

陸上競技の歴史は、紀元前9世紀のギリシャ―古代オリンピックのはじまりのころまでさかのぼることができると考え

られています。

記録が残るのは紀元前776年からで、通常はこれを古代オリンピックの第1回目とし、陸上競技としては「スタディオン走」が行われたことがわかっています。スタディオン走は、スタジアムの長さ分だけ走るというものでした。

古代オリンピックは313年の第292回を最後とし、新たに近代オリンピック（第1回：アテネ）が開催されるのは、1896年のことです。以降、陸上競技がオリンピックから消えたことはなく、むしろ花形種目、メインイベントの位置づけにある種目といっていいでしょう。

金メダルが持つ価値

近年はオリンピックの商業化の弊害としてドーピングなどの問題も浮上していますが、"世界一を決める競技会"であることに変わりはありません。

種目別の世界一を決める「世界選手権大会」もありますが、自身が出場した経験からいっても、オリンピックと世界選手権大会はまったく別のものであろうと考えられます。オリンピックにはさまざ

まな人が特別な思いを寄せており、多くの選手の目標であり、究極の夢でもあります。

オリンピックで勝つことは、それほどに難しいことでもあるからです。世界記録を出すよりも難しいとさえいわれています。

4年に1度しか開催されないうえ、種目で優勝できるのはただ1人だけ。選手としてのピークは10年から長く見積もっても15年くらいですから、勝てる

チャンスはおそらく3、4回くらいしかありません。それを活かせる選手は、競技人口から考えるとごくわずかで、確率的には極めて低くなります。

そう考えると、オリンピックで9つの金メダルを獲得し、走幅跳は4連覇（ロサンゼルス、ソウル、バルセロナ、アトランタ）というカール・ルイス選手（米国）の記録がいかにすばらしいものであるかがわかります。

カール・ルイスのように！

mini column
競技をはじめるきっかけ

筆者が陸上競技に関心を持ったのは、ロサンゼルス・オリンピックのときです。テレビで観戦しながら、もう少し大人になれば、自分もカール・ルイスのように走れるのではないか、彼のように走幅跳を跳べるのではないかと、漠然と思いました。

当時、筆者は100m走が12秒5、カール・ルイスは9秒99！　その現実はさておいて、「すごいなあ！」「こんなことができるんだ！」「オリンピックに出てみたい！」と思ったことが陸上競技生活をはじめる動機となり、継続する力となりました。

実際に陸上競技（走高跳）をはじめたのは中学生からでしたが、練習は週にせいぜい1回、それも学校の周りを走るくらいで、専門的な跳躍練習もなく、競技用のシュー

ズもはかず、マークの置き方も知らず、たまに練習会で背面跳びの練習をする程度でした。

しかし、中学3年生のときに、"跳べる"生徒のまねをして跳んだら、跳べてしまったということがあり、それからは記録が出始め、全国大会に出場するようになりました。

本格的な練習を行うようになったのは高校時代からです。専門の先生から指導を受けるようになり、個人的にも専門誌（「陸上競技マガジン」など）を購入して勉強するようになりました。オリンピックを観て感動したり、雑誌に自分の記録が載ったのがうれしかったりという経験があって、陸上競技が好きになりました。

1984年開催のロサンゼルス・オリンピック。カール・ルイスは100m、200m、4×100mリレー、走幅跳の四冠達成。日本は男子体操や男子柔道などで10個の金メダルを獲得。

競技場と用具

トラック（走路）を走るトラック種目に対し、その内側のフィールドで行われる跳躍種目と投てき種目はフィールド種目と称されます。競技に必要な用具は、フィールド種目のほうが多くなります。選手自身が身につけるものは、バトンやポール、砲丸など手に持つものを除けば、ウェアにシューズとシンプルです。

フィールドで行われる競技

現在では、陸上競技場はオールウェザートラックが一般的です。"全天候型"ですから、晴れでも雨でも雪でも競技を行う前提になっています。

陸上競技は、トラック種目とフィールド種目に分かれます。トラック種目は競技場を一周するトラックで行われる種目、フィールド種目はその内側のフィールドで行われる種目で、跳躍種目と投てき種目が含まれます。

トラック種目は循環運動（サイクリック運動、途切れることなく何度でもくり返し遂行できる運動のこと）、フィールド種目は非循環運動である点が大きな違いといえます。

跳躍種目が行われる場所については一般に走高跳がトラックのカーブ（曲走路）の内側、棒高跳、走幅跳、三段跳はトラックの直線部分（直送路）にそったピットで行われるケースもあります。走幅跳や三段跳の砂場は助走路の両側にあり、風向きによりどちらかを使います。

種目により用具はいろいろ

トラック種目は、スターティングブロック、スタート用のピストル、ストップウォッチ、風速計などがあれば成立する競技ですが（種目によってはハードル、バトンなども必要）、フィールド種目はより多くの用具を必要とします。

跳躍のバー種目（走高跳、棒高跳）では、マット、バー、スタンド、棒高跳ではさらにポールも必要です。

砂場種目（走幅跳、三段跳）では、砂場に加えて、踏み切り板にファール板、記録測定用のメジャーと助走距離を測るメジャー、風速計、風向きをチェックするリボンなどが必要です。

競技により異なるシューズ

　シューズは特殊なスパイク（ピン）つきのものを使用するのが一般的です。たとえば走高跳用のものは踏み切り脚用と振り上げ脚用が非対称で、ソール（くつ底）に傾斜がつき、かかとにもピン（ルールでは11本まで）がついています。

　走幅跳や三段跳用は、かかとにピンはつけず、脚に衝撃を受けやすい三段跳用はかかとを厚く、走幅跳用は薄くというように、つくり分けているメーカーが多くあります。また、踏み切り板の素材が硬いため、ソールのつま先を硬い素材にして、つぶれにくいように形もシンプルにするなどの工夫がなされています。

　ウェアについては、ランニング型やTシャツ型、パンツ、スパッツなど、個人の好みや流行などで選ぶことが多いでしょう。素材については、メーカーで著しく異なるということはなく、水泳のように記録に直結するものでもありません。

デパートで走高跳!?

　トラック種目はトラックを離れては競技ができないため、競技場以外の場所では実施が不可能です。しかし、フィールド種目は、極端にいえば一定の広さがあれば競うことができるため、競技場の外でも競技会を実施することが可能です。

　筆者が海外で出合ったデパートの中での競技会（走高跳）などはその一例です。サーフェイスを敷き、マット、スタンド、バーを用意し、客が取り囲むなか、審判立ち会いのもとで行われた競技会は、正式な記録が残せるものでした。

　なぜこのような競技会が行われるかといえば、走高跳や棒高跳は視覚的にわかりやすく（バーが落ちる、落ちない）イベントとして成立しやすい

競技だからです。跳躍後、バーがスタンドに残ってグラグラするところなどは、ハラハラドキドキする面白さです。

　多くの人が"ストリートハイジャンプ"的に競技に親しむことができますから、競技人口のすそ野を広げ、バックアップ体制の強化や、跳躍種目全体の成績向上にもつながるでしょう。わが国でも実施されることが望まれます。

トレーニングについて

トレーニングは負荷が低すぎても高すぎても効果が得にくく、オーバートレーニングは体の働きを低下させるおそれがあります。単調なくり返しは時間のロスに終わることも少なくありません。トレーニングの原理を知って効果的なメニューを組み、集中して行うことが大切です。

知っておきたい原理・原則

トレーニングは一般に「3原理・5則」でとらえられます。

3原理

1　過負荷の原理

オーバーロードの原理。ある一定以上の負荷―たとえば日常生活で動いているときよりも高い負荷でトレーニングをしたときに、はじめて効果が発揮されることをいいます。

2　特異性の原理

どこをどのように―たとえば「腕の筋力を高める」というように、目的を設定してトレーニングをしたときに、その部位に効果が得られることをいいます。

3　可逆性の原理

トレーニングを続ければ効果は増しますが、中止すると効果が失われることをいいます。トレーニング期間が短いほど、効果は早く失われます。

5原則

1　全面性の原則

特定の部位にかたよることなく、全身をバランスよくトレーニングすることが大切だということです。体力、技術の両面においていえることです。

2　意識性の原則

トレーニングの目的や方法を理解し、トレーニングする部位に意識を集中して行うことが大切だということです。その前提として、問題点の把握がきちんとなされていることが重要です。

3　漸進性の原則

体力、筋力の向上に合わせて、負荷を徐々に上げていこうということです。

急激に負荷を高めても効果は得にくく、ケガなどの危険性が高まります。早く結果を出そうとしてあせらないことが大切です。

4　継続、反復性の原則

トレーニングはくり返し、継続して行うことが大切だということです。結果は

すぐにはあらわれてくれないものです。

5 個別性の原則

　自分の体力や回復力、競技力、目的に合ったトレーニング内容、レベルで行うことが大切だということです。

期分けで競技会に勝つ！

　トレーンニングには期分けと呼ばれるサイクル（周期）があります。その年の目標とする競技会へ向けて、コンディションを最高の状態にもっていく（ピーキングともいいます）ことをねらいとしています。一定のサイクルをたどりながら体が効率よく適応するように、年間計画をいくつかの期に分けて組み立てていきます。

　トレーニングで体は疲労しますが、負荷の大きさを適切に設定し、適切な間隔で反復し継続すれば、体の働きは回復し、さらに向上していくという前述の原理・原則にもとづいて、競技会のときに最高レベルに達するようにトレーニングメニューを組み立てます。

サイクルは1パターンでない

　目標とする試合が年に1回という場合は、12か月周期というとらえかたになり、これを「モノサイクル」とよびます。日本では、春・夏のシーズンと秋のシーズンに分かれる6か月周期の、「バイサイクル」とよばれるリズムが一般的です。ちなみに3、4か月周期を「トライサイクル」とよびます。

トレーニングのサイクル
●モノサイクル＝12か月周期
　目標とする試合が年に1回
●バイサイクル＝6か月周期
　目標とする試合が年に2回
●トライサイクル＝3、4か月周期
　目標とする試合が年に3回

ADVICE

●トレーニング内容を設定し、実行するにあたっては、まず自分が目指したい技術、現状で問題となっていることなどをしっかり把握しておこう。

●トレーニングは自分の体力や回復力、レベル、目的などに合ったものであることが大切。その方法や効果もしっかり理解しておこう。

●特定の技術や部位ばかりを向上させるのでなく、全身をバランスよくトレーニングしよう。

●負荷は体力や筋力などの向上に合わせて徐々に強くしよう。負荷は低すぎては効果が得られず、高すぎるとオーバートレーニングとなり故障やケガの危険性が高まるので、適切な設定が大切。

●トレーニングは根気よく続けよう。中断すると、せっかく得た効果も失われることになる。ただし、同じトレーニングメニューばかりを続けたり、ダラダラとくり返すのはよくない。

●トレーニング中は鍛えたい部位などに意識を集中しよう。何を目的としたトレーニングなのかをしっかり意識しながら行おう。

たとえばヨーロッパの場合、1、2月はインドアの試合シーズン。続く3～5月はトレーニングを行い、6～8月のアウトドアの試合に臨み、9月はいったん休み。10～12月でまた少しトレーニングを行うという、バイサイクルになります。

このバイサイクルの10～12月のころ、モノサイクルでいえば、たとえば夏季のインターハイなどを目標にするのであれば、2～4月ころは「準備期」(試合の準備をする期間)にあたり、体力や技術、心理面などでの能力を高める重要な時期となります。

各期のトレーニング内容

期分けのうち、「準備期」(鍛錬期ともいいます)は「一般的準備期」と「専門的準備期」に分けられます。

跳躍種目の各期のトレーニング

一般的準備期	基礎体力を高める ・有酸素能力アップ 　(クロスカントリー、サーキットトレーニング等) ・筋肉量アップ／筋力アップ ・スプリント持久力アップ(テンポ走200～300m) ・他種目への積極的な取り組み ・跳躍ドリル、模倣ドリルなどで動きづくり、短助走による跳躍練習
専門的準備期	専門的な技術および体力 ・専門的跳躍練習(中～全助走による跳躍練習) ・ジャンプ力アップ(プライオメトリクスが有効) ・ハードルジャンプ→ボックスジャンプなど、跳躍に直結するもの ・スプリント力アップ 　(短距離走→スタートダッシュ→加速走→トーイング)
試合期	目標の競技会に臨む ・準備期で高めた体力の維持 ・跳躍技術の安定 ・試合を使った技術練習
移行期	心身の疲れをとる／反省と課題の設定 ・トレーニング計画の作成 ・ビデオで技術の課題・反省点をチェック ・レクリエーション(バスケットボール、サッカー等)

一般的準備期では主に基礎体力を高め、専門的準備期では専門的な技術の向上と完成を目指します。

続く「試合期」には技術の完成と維持、試合経験の蓄積や戦術的な能力の向上などが課題となります。試合の前（一般的には2週間くらい前）にはトレーニングの負荷を減らし、体の機能の回復をはかります。

次のシーズン前の「移行期」では、心理的なリフレッシュが必要であり、一方で前シーズンの評価や分析、ビデオによる技術チェックなどが欠かせません。体力を維持するための運動は必要であり、専門種目以外の運動を楽しむのがいいでしょう。

トレーニングの課題を把握する

競技の練習を行うときには、競技者自身がトレーニングの課題性、つまり追究していくべき事柄をしっかりと把握していることが大切です。それはとくに次のようなことです。

波長性

運動の負荷は、強度、量、頻度で決まります。一般的準備期には、

強度―低　量―多　頻度―多

が望ましく、専門的準備期には

強度―高　量―少　頻度―少

とします。

競技者は、同じ運動を続けていると、どうしても飽きてくるものです。負荷の強度と量、頻度のバランスにもよりますが、同じ練習を続けるのは6～8週間が限度です。

トレーニングは負荷を波のように変

運動の負荷

● 一般的準備期
　強度―低　　量―多　　頻度―多
● 専門的準備期
　強度―高　　量―小　　頻度―小

トレーニング負荷の周期

● 大周期（マクロ周期）半年～1年
● 中周期（メゾ周期）　4～8週間
● 小周期（ミクロ周期）1週間～10日

化させて実施されます。その周期には、

・大周期（マクロ周期）　半年～1年
・中周期（メゾ周期）　　4～8週間
・小周期（ミクロ周期）1週間～10日

とよばれるものがあります。

たとえば大きな周期の中に波をつくる、さらにその中に小さな波をつくるといった具合に試合期にピークを合わせて調整します。そうすることで1週間単位、1日単位でどんな練習をするべきかが具体的にイメージできるようになります。

個別化

「個別性の原則」（P12「5原則」）でも触れたように、目標や課題、レベル、経験、精神のありようなどは人によって違うため、それぞれに合わせたトレーニングを立案する必要があります。

積極性

「意識性の原則」（同上）に重なりますが、トレーニングを立案し、実施するときには、選手自身が積極的に関わる必要があります。

ある程度経験を積んだら、自分自身で練習メニューを組み立ててみましょう。自分でやるからこそ、何が欠けているのか、何をするべきかという意識も高まります。

以上のような期分け、そしてトレーニングの課題性は一見、難しそうにみえて、実は練習の自然な流れの中で実行されていることも多いのです。

たとえばインターハイにピークをもっていくときは、1、2月は体力を上げて、3月に専門的な練習を行うといった長期的な計画を立てるものです。

1週間単位で考えても、授業や休日との兼ね合いを考慮すれば自ずと練習量の調整が必要になり、1日の練習量が見えてきます。

いずれにしても自分でトレーニングを管理するという意識が大切です。

トレーニングプラン

トレーニングの計画を立てるときに大事なことは、つねに最重要試合に向けてプランニングすること、練習配分をよく考えること、そして中高生であることに対する配慮を忘れないということです。

重要試合を経て、最重要試合へ

まずは目標とする試合がいつ行われるかを確かめます。その前に、"最重要試合"はどれなのか、決めなくてはなりません。それが決まれば、次に大切なのが"重要試合"です。

たとえば最重要試合がインターハイの場合、これに出るための重要試合は各地域インターハイ（ブロック大会）です。重要試合で結果を出さなければ、最重要試合には出られません。

目標を見定め、「重要試合を経て→最重要試合に向かう」ということをつねに意識して、トレーニングプランを考えるようにします。

トレーニングの配分を変える

トレーニングプランを考えるときには、「配分」もたいへん重要です。

選手により課題はさまざまですが、練習全体からみれば、筋力、スピード、持

久力、柔軟性、調整力の向上などがその要素となり、内容に大差はありません。

ですから、いかにその配分を変えるか、調整するかがプランを立てるにあたって重要になります。たとえば、スピード面を伸ばしたければ、それに関わるトレーニング量の配分を、全体10に対し2から3に変える、ということをします。

トレーニングの全体量を増やすとオーバートレーニングになってしまいますから、配分を変えるわけです。ただし、能力の向上に合わせて全体量を増やしていくことは問題ありません。

筋力
スピード
持久力
柔軟性
調整力
…

どの面を伸ばしたいかによって、トレーニングの配分を変えることが大切。

基礎体力は走ることから

先に中学生、高校生は基礎体力をつけることが大切だと述べました。そのためには、まず走ることです。しっかりと走ることが運動の基本となります。とくに跳躍種目では大事です。走る運動をメインにプランを立てるようにします。

また、跳ぶ運動（バウンディングなど）も大事です。中高生の測定結果を見ると、ふだんバウンディングをあまりやっていないように思われます。中高生はバウン

ディングをしっかりやることです。

バウンディングのいわば変型のホッピングは、片脚だけで跳んで進むとういものです。女子の選手でホッピングがしっかりと50mできるという人はあまりいないのではないでしょうか？　それだけバネが足りていないのです。ホッピングは走高跳や走幅跳、三段跳にも重要な要素です。

バウンディングをしっかり行い、できるようになったらホッピングを行うというようにステップアップしていきながら体力をつけていくことが中高生には必要です。そのようなプランを立てていきましょう。

激しい筋力強化は避ける

成長期の激しい筋力強化は勧められません。ウエイトトレーニングを行えば、一時的に筋力はアップするでしょう。しかし、骨格や筋肉が成長段階にあることを考えると、その効果が維持されたり増したりすることは望めないでしょう。

ウエイトトレーニングを行うのなら、フォームを身につけるためのものを10〜15回程度行うくらいが体の発育、発達を妨げず、将来的にも伸びる体づくりに役立ちます。

補強運動としては、肩車スクワットなどでも十分なトレーニング効果が得られますし、人をかついで歩く程度のことで十分です。

成長期のトレーニング

体の発育、発達時期にある中学生、高校生は、種目の専門的なトレーニングを積むことよりも、基礎体力を高めることを優先しなくてはなりません。基礎体力という土台があってこその専門的なトレーニングであり、かたよったトレーニングは危険なばかりか、以降の成長の障害ともなりかねません。将来的な展望を持って練習しましょう。

種目を絞るのは先でいい

中学生、高校生は体が発育、発達していく時期にあたります。簡潔にいうなら専門的なトレーニングをあまりやりすぎないことが大切です。

むしろ、取り組む種目を次々に変えてみるくらいのほうが、バランスよいパワーアップが望める、という考え方ができます。

筆者も中高生のときは、それほど専門的なトレーニングはしていません。筆者の周囲を見渡してみても、高校生のときはほどほどに取り組み、大学生あたりからトップに出てくる、という選手が多いようです。

大切なのは、発育、発達の時期には専門的なトレーニングばかりを行わず、体を全面的にトレーニングしながら、最終的には目指す種目にたどりつくということでしょう。中高生のときに種目を絞り切ってしまうことは、必ずしも得策ではありません。

なかには「高校までしか陸上競技をやらない生徒だから、伸ばせる最大限のところまで伸ばしてやろう」という指導者もいます。方針はそれぞれであるにしても、かたよった練習を続けることはケガなどにつながりやすく危険です。また、「やはり卒業後も続けたい」と思い、本格的なトレーニングをスタートすることになったときに、それまでのかたよったトレーニングで身についたものが、以降の成長において障害となるおそれもあります。

そのような行き過ぎや危険を避ける意味でも、自分で自分を管理し、トレーニング計画を立てることが大切になってきます。

まず基礎体力を高めよう

「やりすぎない」ということは、単なる量の問題ではありません。基礎体力という土台があったうえでの専門的な練習という位置づけを忘れないことが重要です。土台がしっかりしていなければ、専門的な練習はあまり意味がありません。まずは基礎体力をしっかりつけておくことです。

たとえば立ち五段跳びは踏み切り線から両脚で踏み切り、左右の脚で交互に跳んで5歩目で砂場に着地するもので、踏

み切り線から着地足のかかとまでの距離を測ります。跳躍ばかりか、短距離や投てきなどの選手にとっても基礎体力の指標となるものです。

この五段跳びでどれくらいの距離を出せますか？　投てきの室伏広治さんは選手時代、たいへんな距離を跳びました。基礎体力という土台がしっかりしているからこその、室伏選手の高い投てき力なのです。

最近の若い選手は、専門的トレーニングにかたよりすぎるきらいがあるように見受けられます。それは望ましい傾向とはいえず、「この先いったい、何人の選手が生き残っていけるのか？」と将来的な不安を覚えさせるものです。

くり返しになりますが、全面的なトレーニングこそを重要視していきたいものです。本書も、跳躍に関連させながら全面的なトレーニングに重きをおいて解説し、練習メニューを紹介しています。

即座の習得

「即座の習得」とは、あっという間に動作を習得してしまう特異な時期—10〜12歳ころの年代を指します。（それ以前の運動経験がものをいう部分もあります）。たとえば野球選手で、この時期に習得の機会を逃している人は、まずいないでしょう。

見たままに直感的に動いて技術を習得してしまう、いわばゴールデンエイジです。この時期にいろいろな運動をして、そのキャパシティを広げておくといいでしょう。後々、競技種目の選択の幅が広がります。

ただ、興味を失うと、すぐにやめてしまう年代なので、指導者は楽しく練習できる内容や進め方を工夫する必要があります。跳躍の練習では、踏み切り板に足を合わせる、助走の間合いをとる、できるだけ遠くに跳ぶなどの要素も、遊びの感覚を取り入れて行うと、いい結果が得られました。

競走や順番づけなども、興味を持たせるのに効果的です。子どもが自主的に、楽しんで競技に取り組めるような機会をたくさん用意することが望まれます。

体力レベルを測るコントロールテストの例

コントロールテストからみた三段跳記録（m）の諸条件

	13.00	14.00	15.00	16.00	17.00	17.50
1　スナッチ	46.7	57.4	67.0	78.8	89.4	94.8
2　クリーン	69.7	83.6	97.4	111.2	125.0	131.9
3　ベンチプレス	55.5	66.3	77.1	87.9	98.7	104.1
4　スクワット	96.3	110.4	124.5	138.5	152.5	159.5
5　両手砲丸投げ	8.89	10.44	11.98	13.53	15.08	15.85
6　立ち幅跳び	2.64	2.76	2.87	2.99	3.10	3.16
7　立ち五段跳び	13.89	14.79	15.68	16.57	17.47	17.92
8　30Boundg	13.82	13.07	12.31	11.56	10.80	10.43
9　デプス三段跳	9.39	9.89	10.39	10.89	11.40	11.64
10 30mダッシュ	4.34	4.22	4.11	3.99	3.88	3.82
11 60mダッシュ	7.71	7.50	7.29	7.08	6.87	6.77
12 加速30m	3.34	3.19	3.06	2.92	2.78	2.71
13 150m 疾走	18.89	18.29	17.61	16.92	16.24	15.90

出典
陸上競技指導教本
種目別実技編
1988　大修館書店

跳躍運動の動きづくり

より高く、より遠くへ跳ぶためには、地面からの反力をより受けやすいように、体の軸がしっかりできていることが大切です。

軸づくり

■ 運動の基本となる「軸」

走ったり跳んだりするときは、地面からの反力を利用しています。脚で地面を蹴る（作用）と、地面からの反作用が生じ、その反作用を体（脚）が受け取って、進んだり跳んだりできるというわけです。

その反作用を効率よく使うためには、その力の作用線上に身体各部を配置し、体が1本の棒のようになっている必要が

あります。

トレーニングの現場では、このように体が1本の棒のようになっている状態を軸、あるいは軸づくりといいます。

体にはたくさんの骨があり、それらは筋肉や腱、靱帯によって結びつけられています。跳躍運動では、身体各部を反力の作用線上に配置することのほかに、筋を収縮させて腱のバネを効かせて跳ぶと

動画▶

いう要素もあります。

■ 頭からかかとまで一直線に

まず、正しい姿勢を確認しておきましょう。頭の頂点から足のかかとまで、一直線に保ちます。骨盤の位置は、横から見たときに、前に入り過ぎず、後ろに逃げず、縦の中心軸上に自然に入っていることが大切です。

走るときも当然、骨盤の位置は重要です。たとえば、骨盤が前に入り過ぎると脚が上がらなくなります。逆に脚を上げようとして腰が引けた状態になると、軸が折れてしまいます。

■ 腰をスッと前に出す

陸上競技では、水平方向の運動が加わるため、正しい姿勢を維持するのが難しくなります。

どうすればいいでしょうか？　コツは"モデル歩き"。脚が前に出たときに、腰も出るようにします。肩までついていかないように意識しながら、腰だけをスッと前に出します。走るときも同様にすれば、体の軸がくずれません。

さらに軸に対して体を乗せるという意識が大事です。体を棒のようにまっすぐにして、脚と腰をスッスッと前へ送り出します。

このとき、地面についている方のかかとからつま先へと、体重を転がすように移動させます。足の裏の体重移動と、船底やゆりかごの前後の揺れのイメージを重ねるとわかりやすいでしょう。

■ 肩をしっかり下げる

地面からの反力を効率よく受け止める

ためには、肩をつり上げるような姿勢は望ましくありません。地面に力がうまく伝わらなくなります。肩を下げることで地面に対して力が加わり、地面からの反力を受けやすくなります。また、肩を下げると、腕をリラックスして振れるようになります。

肩周りの動きについては、肩甲骨と骨盤が連動するイメージを持つことが大切です。肩がガチガチの状態だと、骨盤がうまく機能しません。

肩甲骨の動きは腕をぐるりと回すことで確認できますので、2、3度、腕を大きく前から後ろに回してみましょう。その感覚を忘れずに走ってみて、肩甲骨と骨盤の連携を意識するようにしてみましょう。

■ 体幹を意識する

初心者はとくに体幹―腹筋周辺を意識することも大切です。自分の体幹をイメージして日常生活を送ると、軸が決まってきます。姿勢がよくなるだけでなく、歩くスピードもアップし、トレーニングにつながります。「首から脚が生えていると思って走れ」といわれますが、これは体幹がぶれないように正しい姿勢を保って走りなさいということです。

NG

肩を上げて走ると、地面からの反力を受けにくく、跳躍力や推進力を発揮しにくい。肩が固まったまま走ると、肩甲骨と骨盤が連動しにくくなるため、よい走りや跳躍につながらない。

両脚ジャンプで軸をつくる

前ページでも述べたように、走ったり、跳んだりするには軸が大切です。地面反力の作用線上に身体各部を一直線に配置（＝軸）することで、反力を跳躍力に変換できるからです。

大きな反力は腕や振り上げ脚による振り込み動作によって得られますが、最初は難しいため、肩を押してもらうなどのドリルの中で習得していきましょう。

両脚ジャンプ

まずは両脚ジャンプで軸を感じます。はじめは、あまり高く跳ぶ必要はありません。着地したときに、地面からの反発（反力）をみぞおちのあたりで感じるようにします。少しずつ高く跳ぶようにしていき、慣れたら短い接地時間で、かつ、できるだけ高く跳ぶようにします。接地しているときに力を抜いてしまうと、地面反力を逃がすことになります。

肩押し両脚ジャンプ

「両脚ジャンプ」に慣れてきたら、補助者に肩を押してもらいます。補助者は選手の肩に両手をおき、1、2、3の3のリズムで肩を強く下に押します。ちょうどブランコに乗っている人の背中を押してあげるように、動きのリズムをくずさないことが大切です。うまくできると、選手はその意識もないのに、高く跳んでしまうということが起こります。

高く跳べないときは、足首、ひざ、腰がゆるんでいて、どこかで力を吸収している可能性があります。そのときは「両脚ジャンプ」の短時間で接地するジャンプに戻ってやってみましょう。慣れてきたら、連続して肩を押すなどして地面の反力を楽しむとともに、いつでも体の軸がつくり出せるようにしてみましょう。

腕の振り込みジャンプ

地面反力と軸を感じることができたら、次は接地のタイミングに合わせて、自ら地面に力を加えてみましょう。腕をやや後ろから振り込み、脚の伸展に合わせて、振り上げます。空中では親指が下を向くように前腕を回内させ、平泳ぎの

両脚ジャンプ

みぞおちあたりで
反力を感じる

動画▶

肩押し両脚ジャンプ

要領で手を漕ぐようにすると、肩甲骨が回るように動き、腕の振り込みを使いやすくなります。

両脚ハードルジャンプ

　その場の跳躍に慣れたら、次に少しずつ前に進むようにします。軸を感じながらの運動は、初心者の場合、その場の両脚ジャンプ→その場の片脚ジャンプ→移動しながらの両脚→移動しながらの片脚の順に難易度が高くなります。

　地面反力の作用線上に乗り、かつ地面を蹴る方向を調整して前に進むという意識をしながら行わなければなりません。

まず、何も目標物がない状態で、できるようになったら、ハードルなどを越えるようにしていきます。

ツイストジャンプ

　両脚ジャンプの変形です。跳躍して片方の腰をひねるように前に出し、引き戻すようにして着地し、これを連続して行います。

　跳躍の踏み切りでは腰が先行している（先取りともいう）必要があります。走りながら腰を先行させるのは難しいので、最も簡単な両脚跳びでこれを意識してみましょう。

腕の振り込みジャンプ

親指が下を向く

両脚ハードルジャンプ

地面反力の作用線上に軸を乗せ、蹴る方向を調整

ツイストジャンプ

スプリットで軸をつくる

片脚で、前方に移動する条件下で地面反力を感じようとすると、軸づくりが途端に難しくなります。まずは脚を前後に開いたスプリット姿勢から地面反力を感じることで、動きながらの軸づくりを感じ、理解してみましょう。

スプリットの基本姿勢は、上体は立位閉脚の姿勢と同じです。しかし、脚が前後開脚することで腰のポジションが変わります。左脚が前に出ると左腰が前に位置するようになります。写真では足から頭まで一直線になっています。これは左腰がやや前に出ているからです。左腰が引けてしまうと、身体が「くの字」になって軸がくずれ、地面反力を跳躍力や推進力にすることが難しくなります。

スプリットの基本姿勢

スプリット

前後開脚姿勢をとります。両腕をうまく使ってバランスを取りながら、前後の脚を入れ替えます。少しずつ両脚の幅を広げていき、走ったり跳んだりするとき、写真くらいの幅になるようにします。

腰が引けないように、また、ひざが前に出ないように気をつけて行います。

補助付きスプリット

脚を前後に開くことで、股関節とひざ関節のバネを感じることが大切です。「肩押し両脚ジャンプ（P22）」と同じ要領で、接地のタイミングに合わせて補助者が軽く肩を下に押します。選手は肩を押して

スプリット

腰が引けないように、ひざが出ないようにする

動画▶

もらうことで脚のバネ（筋肉）を伸長させ、それが縮む（短縮する）タイミングに合わせて上に跳び上がります。

両腕振り込みスプリット

　補助者なしで地面に対し力を加えられるように、腕による振り込みを使います。踏み切りに合わせて両腕を後方から脇を締めるようにして振り込みます。

　振り込みによる腕の力が脚にしっかりと伝わるようにして、脚のバネが引っ張られて縮むタイミングに合わせ、腕を大きく引き上げます。引き上げた腕は、「両

脚ジャンプ（P22）」同様、平泳ぎの要領で横に大きく漕ぐようにすると肩甲骨も動き、腕の振り込みの力が大きくなります。

▶Setting
股関節やひざ関節など脚全体のバネを使えるようにする。脚の後面の筋肉が使えるといい。

補助付きスプリット

両腕振り込みスプリット

横に大きく漕ぐように腕を動かす

軸のある歩き方をする

　実際に歩きながら軸を感じてみます。跳ばないように注意しながら、なるべく大きな歩幅で歩きます。脚が地面に接地するときは、スプリットの姿勢のように腰がやや先行する姿勢になるように注意します。

　腕を大きく振って、一歩ごとしっかりと足の裏に体重が乗るようにしながら軸を感じて歩きます。

　首のあたりから脚が生えているようなイメージで歩くと、腰が先行したきれいな歩き方ができると思います。

ステップアップス

　片足を台の上に載せ、ひざがつま先よりも前に出ないように注意しながら台に乗り込んでいきます。つま先よりもひざが前に出ると、大腿の前面を使った動き

になってしまいます。そして、下体と上体が別々の動きになってしまうので、体の軸を感じにくくなります。

ひざをつま先より前に出さない

動画▶

また、腰を先行させようとして、肩を無理にねじらないように注意する必要があります。肩の動きは、まっすぐ水平を心がけます。

慣れてきたら、腕を大きく振るようにすると、少し弾むような感じで歩けると思います。

> ▶Setting
> 首の付け根から脚があるような動きで行うこと。

腰がやや先行する姿勢に

足裏に体重がしっかり乗るように歩く

フライングステップアップス

「ステップアップス」を腕の振り込み・振り上げ動作を使って、よりダイナミックに行います。

脚の裏側にある筋肉と腕をタイミングよく大きく使い、上にできるだけ高く跳びます。空中で脚を入れ替えて、交互の脚でリズミカルに行います。

ポゴドリル

片脚で軸をつくるときは支持脚と反対側の腰と肩が引き上がっている姿勢になります。

つまり、左脚支持のときは右腰と右肩が上がった写真のような姿勢をとることで身体の軸をつくり出しています。

移動せずにこの姿勢をつくろうとすると、お尻の大腿骨の付け根あたりの筋肉（中殿筋）が収縮しているのが意識できます。

この筋肉は、試合の翌日に痛くなるところと同じです。試合のときにはそれだけこの筋肉を使っているということでしょう。

なお、肩や腰が上がっているのを確認するのが難しいときは、腕を上げてみるといいでしょう。

ただし、このとき腕が体側にそってまっすぐ上がっているように注意します。曲がっていると、軸がぶれる原因にもなります。

ジグザグポゴドリル

腰に手をあてた姿勢から、足首のバネを使って左右にホッピングしながら前に進みます。直線ポゴドリルよりも、こちらの方が体の軸を意識しやすいでしょう。こうした軸づくりは曲線を走ったりする内傾動作でも使われます。

動画▶

直線ポゴドリル

腰に手をあて、脚を上げている方の腰が下がっていないことを確認しながら、足首のバネを使って少しずつ前に進みます。接地して、地面からの反力が胸のあたりに返ってくると、軸ができている証拠です。

慣れてきたら10歩ごと、5歩ごと、3歩ごとに左右の脚を入れ替えて行ってみるのもいいでしょう。

NG

腕だけでなく、腰やひざも曲がっていたりしてはダメ。できるだけ伸びた姿勢を維持することが大切。
この姿勢を維持しながら前に進むと、静止しているときと同様に、お尻のエクボができるところのちょっと上の部分が痛くなるはず。

スキップ

スキップは、脚の伸展（バネ）と腕の振り込みのタイミングをつかむ、いい練習になります。

足の着地のタイミングに合わせて、同じ側の腕を後ろから前に振り込みます。最初はゆっくり小さい動きから始め、少しずつ動きを大きくすると、腕を振り込むタイミングがわかってきます。

通常のスキップ

足が接地するタイミングに合わせて腕も前後に振ります。リズミカルに、跳ねるように行います。

▶Setting
10歩（20m）×3〜4

片腕振り込みスキップ

片方の脚だけ強調して行います。左脚を強調する場合、左腕を大きく回して左足が接地するタイミングに合わせ、上から振り込みます。腕の回し方は背泳ぎの要領で、振り込むときはまっすぐ伸ばし、体側にそって回します。肩甲骨が動き、振り込む力がより大きくなります。

▶Setting
10歩 (20m) ×3〜4

左足の接地に合わせて左腕を振り込む

両腕振り込みスキップ

「片腕振り込み」と同じ要領で行います。両腕を大きく回して片足が接地するタイミングに合わせ、両腕を上から振り込みます。腕は体側にそって、なるべくまっすぐに伸ばして回します。はじめは片脚だけに対して行います。慣れてきたら腕を回すタイミングを速くして、左右それぞれの足が接地するタイミングに合わせます。

▶Setting
10歩 (20m) ×3〜4

片（左）足の接地に合わせて両腕を振り込む

スプリントドリル

短距離走と跳躍の助走の大きな違いは、短距離のスプリントは無駄（上下動）がなく、重心の移動がスムーズであるのに対し、跳躍の助走のスプリントは踏み切りに向けたはずみがあることです。

スプリントドリルは体の軸を維持したまま、体の前での脚さばきでリズミカルに走る動きを覚えるドリルです。腰の一定の位置を保ち、余分な力は入れずに前進します。

片脚保持

スプリントの基本姿勢を確認しましょう。片脚で立ち、もう一方のひざを高く上げて保持します。頭から支持脚まで1本の棒のようにまっすぐに保ち、体の軸がしっかりとできていることを感じるようにします。腰が引けたり、上体が前や横に傾いていたりしてはいけません。

ハイニーマーチ

両手を腰にあて、ひざを高く上げて前進します。

支持脚はまっすぐにして、きちんと体重を乗せ、脚を引き上げるときに腰が傾かないようにします。ひざを上げるより

も下げる方にアクセントをおいて実施します。

▶Setting
20m×2〜3

動画▶

トロッティング

体の前で脚をさばく練習です。タッ・タッ・タッと片脚に体を乗せ、もう一方の脚を遅れないように前に出しながら、リズミカルに前進します。慣れたら、腰もリラックスさせて、頭が動かないように前進します。

▶Setting
20m×2〜3

シェイキング

トロッティングよりも、ややひざが上がったもも上げの運動です。体の前で脚を回して、体の前での脚さばきを覚えます。その場から少しずつ進んでいき、より遠くへとつなげていきます。

足が接地する位置は拇指球よりもやや かかと寄りにし、足首のバネを効かせてひざを上げることで、体の前で脚をさばく動きを行います。ひざはできるだけ高く上げる方がいいです。

▶Setting
20m×2〜3

キックアップ

　足首を固定させ、かかとでお尻をたたくように脚を動かしながら進みます。地面を蹴った後の脚をたたんで回す動きを習得するためのドリルです。

　動き出しはその場で数回行い、弾むタイミングに合わせて少しずつ進んでいきます。「タッタッタッタッ」とリズミカルに行います。

　このとき腕は下の方で振り、腰周りをリラックスさせると動きがよりダイナミックになっていきます。

▶Setting
20m×2〜3

スタートダッシュ

　クラウチングスタートから20〜30m、または18〜24歩を全力で走ります。スピードがない状態からのスプリント練習です。ゴールラインでフィニッシュするだけでなく、跳躍運動に結びつけるために走り抜けるなどの工夫も必要です。

▶Setting
20m×2〜3

動画▶

加速走

補助的に20（〜30）m走り、そこから20〜30mの距離を全力で疾走します。

タイミングゲートや合図を出してもらい、タイムを測定するといいでしょう。

スピードに乗った状態でのスプリント練習ができます。

▶Setting
20m+20m×3〜5

ウェーブ走

テンポを上げて40〜50m走り（Tempo）、その後に同じ距離をリラックスして走る（Easy）ことをくり返します。波のようにEasy〜Tempoをく

り返すことで走幅跳や三段跳の踏み切り前のテンポアップを習得します。

▶Setting
150m×4〜5

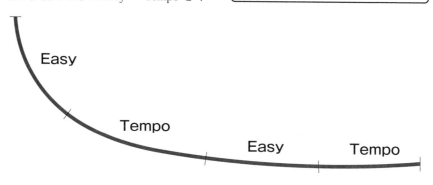

Easy

Tempo

Easy

Tempo

ハードル走

走幅跳や三段跳で求められる速いスプリントの中で踏み切る練習。通常のハードルと同じように一定のインターバルを刻みながら越えていきます。インターバルは3歩ないし5歩とし、時期に応じて高さを変えていきます。

▶Setting
ハードル5台（ジュニアハードル、
インターバル3歩）×5

トーイング（坂下り走）

チューブなどで引っ張ってもらうことで、最大疾走状態よりも速いスピードを体感し、そのスピードに対応するための脚さばきや神経系に対しての刺激を入れる練習。ごくゆるやかな下り坂を利用して行うこともできます。運動の強度が非常に高いので、やりすぎないようにすること。また、回復には時間がかかることを考慮してトレーニングすることが大切。

▶Setting
50m×3

坂上り走

上体の前傾を保ちながら、坂道を1歩ごと力強くキックして進んでいきます。助走のスタート局面で求められるパワーアップにもつながります。

▶Setting
50m×5〜7

階段上りドリル

階段を利用して、助走で必要とされる体の前で脚をさばく動きを覚えます。

▶Setting
50〜70段×2〜3

階段上りドリル

階段KBW

動画▶

階段 KBW

ひざの関節角度を約 90 度に固定し、ひざを落とし込む要領で上に進んでいきます。スムーズな重心移動がポイント。

KBW ＝ ニーベントウォーキング

▶Setting
50段×5

テンポ走

100 〜 300 mの距離を適度なスピードで走ります。冬期またはシーズン中でも、スプリント持久力の強化を目的として実施されます。時期に応じて、その内容（設定タイム、距離、本数）も変化します。

▶Setting
200〜300m×3×2 (冬期)

スレッド走（タイヤ引き）

3 〜 5 mのひもをつけたスレッド（タイヤ）を引っ張ることで、スタート初期のスプリント力を高めます。雑巾がけの要領でタイヤを押す「タイヤ押し」もあります。ねらいはどちらも同じですが、タイヤ押しの方が、姿勢保持に関係する筋も動員されるため、疲労度が高くなります。

▶Setting
30m×5

ポップアップドリル

ミニハードル１歩ジャンプ

ミニハードル３歩ジャンプ

３歩ジャンプ

　踏み切り準備から踏み切りにかけての
リズム習得を目指した練習。ハードルを
使っても使わなくても目的は同じです。

　「１歩ジャンプ」は「タ・タン」とい
うように、振り上げ脚をできるだけ素早
く引き上げる意識で行います。腕のタイ
ミングも合わせて行えるようにします。

　踏み切り脚はひざが曲がらないように
突っ張り、かかとから地面に転がすよう
に接地します。

　「３歩ジャンプ」は「タ・タ・タン」
というリズムで行います。１歩ジャンプ
と同様に、振り上げ脚をできるだけ素早
く引き上げます。最初のタでは体が上に

動画▶

38

1歩ジャンプ

1歩　　　3歩　　　1歩　　　3歩

いかないように、体を前に押し出します。

　ハードルの高さやインターバルを調整して、走高跳なら上に跳ぶようにしたり、三段跳なら走り抜けるようにフラットに跳んだりしていきます。

　1歩や3歩のポップアップドリルを基本としながら、図のように1歩-1歩-

3歩などのバリエーションをつくっていくのも効果的な方法です。

▶Setting
ミニハードル1歩ジャンプ　8台×3
1歩ジャンプ　8回×3
ミニハードル3歩ジャンプ　8台×3
3歩ジャンプ　8回×3

ウォーミングアップと
クーリングダウン

運動前後のウォーミングアップとクーリングダウンも大切です。いつもの流れのほかに、試合前に負担なく行えて効果的な動きや、冬場に体を冷やさずに行う方法なども知っておくと役立ちます。

ウォーミングアップで準備

ウォーミングアップの目的の一つは、体をあたためて運動に備えること。もう一つは心の準備もするということ。つまり、心身の準備をすることです。

主にどんなことを行うのか、試合期のトレーニング、そして試合のとき、さらにシーズンオフの準備期を例に挙げてみます。筆者が実際に行ったり、指導したりしている内容です。

試合期

試合期のウォーミングアップは十分に時間をかけて行います。ジョギングで体をあたためてからストレッチをして、動きづくりのドリルを行います。スプリント、およびジャンプの動きづくりをしてから、再び軽く走り、スパイクシューズに履き替えて走ります。

試合当日

試合のときに勧めたいのが、スタートドリルとよぶ動きづくりです。両手を地面につけた腕立て伏せの姿勢で、左右の脚を前後に踏み替えます。弾む感覚、地面からの反発を得る感覚を確認してから

20 〜 30m 走ります。指導している選手たちの反応がよく、記録アップにもつながるようです。

試合によってはさらにジャンプなどの要素を加えることもありますが、あまりいろいろなことはやりません。

準備期

冬はジョギングからストレッチという流れをたどると、体が冷えてしまうことがあります。地面が冷たいため、いたしかたのないことです。そこで、体の冷えるストレッチなどは省いて、体をあたためる動的な運動を追加するなどの工夫をすることになります。

具体的にはサーキットトレーニングをウォーミングアップ代わりに取り入れています。とくにはじめの方には脚を前後に開くなど、ストレッチの要素を含んだ動きを多く入れます。そうして 15 〜 20 種程度の動きを入れて 2 〜 3 周走れば、しっかりウォーミングアップができ、トレーニング効果も高いものとなります。また、次の練習にもスムーズに入ることができます。寒い冬のウォーミングアップは、体を冷やさないように短時間

で効率よく行うことを勧めます。

クーリングダウンで回復

　クーリングダウンについては、筆者は軽くジョギングして、軽く体操、そしてストレッチをするという内容でした。

　跳躍を行ったときには、腹筋運動、人を肩車してのスクワット、そしてかかとを上げるヒールレイズをそれぞれ20回行いました。一般にはクーリングダウンにならないなものですが、体のケアとして実行しました。

　跳躍で十分に使われなかった筋肉もしっかり動かすことで体が落ち着き、筋力強化につながり、また回復も早まる実感があります。

　腹筋運動は、跳躍運動で固くなった腰をゆるませるのに効果的です。

若いうちから習慣づける

　中高生はクーリングダウンをあまり行わないことも多いでしょう。筆者自身、社会人になり体のケアの必要性を意識したときにはじめたくらいです。

　しかし、体の回復力を早めるために、中高生からクーリングダウンの習慣をつけるようにするのがいいでしょう。

　また、とくに強化やケアが必要な部位があるときには、自分なりのやり方を工夫してみるといいでしょう。

ADVICE
ウォーミングアップは心身の準備のために、クーリングダウンは疲労回復のために大切。それぞれ効果的な組み立てを考え、目的をしっかり意識しながら行おう。

跳躍種目のウォーミングアップ

	ウォーミングアップ
試合期	ジョギング　10〜15分 ↓ ストレッチ ↓ ドリル（動きづくり） ・スプリント ・ジャンプ ↓ 150mくらいを軽く走る「流し」 ↓ スパイクシューズをはいて走る
試合当日	スタートドリル 両手を地面につけたスタートの姿勢で、左右の脚を前後に踏み替える動き2〜3回 ↓ （ジャンプのドリルを入れることもある） ↓ 試合
準備期 （冬）	サーキットトレーニング 2〜3周 ・脚を前後に開く ・肩甲骨周りを動かす懸垂 ・棒を使ったバックプレス その他15〜20種

跳躍種目のクーリングダウン

クーリングダウン
軽いジョギング ↓ 軽い体操 ↓ ストレッチ
※跳躍を行ったときは、筆者はさらに次のことを行った 腹筋運動 ↓ 人を肩車してのスクワット ↓ かかとを上げるヒールレイズ

助走マークの設定方法

不安定な助走では踏み切り位置に影響が出て、いい結果を出すことができません。助走を安定させるマークの設置位置を知り、実際に走ってみて最適の位置を確認しましょう。また、状況に合わせて調節ができるようにしておきましょう。

走高跳の助走マーク

目安となるマークを置く

走高跳（背面跳び）の助走は，直線→曲線を走るのが一般的とされています。ルールではマークは2つまで置くことができます。以下で説明するマークのうち、第1マークはマーク設定時の目安にして、試合では第2と第3マークを置くといいでしょう。

第1マークはバーと平行に支柱からとります。このマークで曲線部の緩急を決めるので、カーブがきついと感じることがあれば、マークを外に移動させます。

2つ目は直線と曲線の境目に

第2マークは直線から曲線に変わる位置に置きます（コーナーマーク）。踏み切りが左脚の場合、初心者は右足でマー

クを踏み、そこから5歩でカーブを走った方が踏み切りやすいでしょう。

左足でマークを踏むと曲線のコース取りが安定するものの、カーブでの走りがきつくなります。

スタートマークで助走を安定

第3マークはスタートマークと呼ばれ、このマークから助走を開始します。

スタート方法には、セットスタート（補助助走なし）とローリングスタート（補助助走あり）の2通りがあります。スタートしやすければ、どちらのタイプでもかまいません。

ローリングスタートは助走の安定性に欠けるので、練習時に1歩目または3歩目にマークをつけて、スタート局面の安定性を練習するといいでしょう。

走幅跳・三段跳の助走マーク

コンディションで位置が変化

スプリント能力に合わせて助走の歩数や距離を設定しないと、減速した状態

で踏み切りに入ることになります。ちなみにウサイン・ボルト選手（ジャマイカ）くらいのスプリント能力をもっていても、60〜70m以降は減速局面に入

ります。下の表を参考に助走の歩数を設定するといいでしょう。100mを12.00秒くらいで走るのなら、助走の歩数は16歩で十分です。

シーズン中でも、助走マークの位置は体の状態、風、走路の硬さなど、コンディションに応じて変化します。一般に向かい風では30〜50cm短くなり、追い風では0〜40cm程度長くなります。

踏み切り板に足が届かないなどといった助走が安定しない原因は、スタート局面に多くあります。最高スピード付近でのストライドの誤差はほとんどありませんが、スタートから加速局面ではその誤差も大きく、6歩目までに1m前後違ってくることも多々あります。

スタート局面では最初の1歩を大きなストライドにすると、後半にテンポが上がらないことがあります。スタートを刻みすぎると、前進性が損なわれることがあります。適度なストライド運びとリズミカルなテンポを心がけましょう。

踏み切り前に中間マークを置くとさらに助走が安定します。熟練者では4歩前（8.3〜9.3m）のケースが多いのですが、初心者や中級者は6歩前に置く方が踏み切りまで余裕が持てるのでいいでしょう。

走幅跳の助走データ

	30m（秒）	100m（秒）	走幅跳（m）	歩数（歩）	距離（m）
15〜17歳	4.8〜4.4	14.0〜12.3	4.50〜5.55	12〜14	18〜23
18〜19歳	4.3〜4.2	12.0〜11.7	5.62〜6.46	16	25〜27
20〜22歳	4.2〜4.1	11.5〜11.1	6.94〜7.16	18	32〜34
エリート	4.0〜3.8	11.0〜10.8	7.29〜7.69	20	37〜41

Constructing an optimal runup in the horizontal jumps by Vladimir Popov

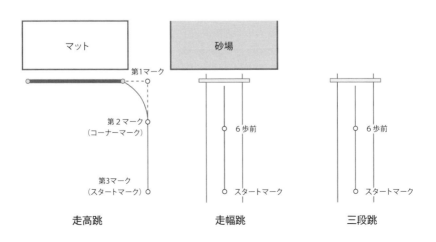

走高跳　　　　　　走幅跳　　　　　　三段跳

COLUMN

バネ要素

〜〜〜〜〜〜〜〜〜〜〜〜〜〜〜〜〜〜〜〜〜〜〜

　　跳躍運動の「バネ」には、3つの要素があるといわれています。

①脚の伸展力
②自由肢の振り込み・振り上げ動作
③体の起こし回転

　　①脚の伸展力とは、垂直跳びなどにみられるいわゆる「脚のバネ」のことです。
　　②自由肢の振り込み・振り上げ動作によるものは、腕や振り上げ脚を大きく振り込み、振り上げた際に、その反動で体が浮き上がることです。
　　③体の起こし回転とは、つまずいたときなどに生じる回転運動のことです。体の起こし回転を跳躍に活かすには、体を後ろに傾ける（後傾）動作が必要となります。踏み切り脚を1本の棒のようにして、これを起点に体が起き上がることで、回転運動を跳躍力に変換しています。

　　スピードを伴わない状態では、①脚の伸展力によるバネや、②自由肢の振り込み・振り上げ動作によるバネの貢献が大きくなります。しかし、スピードがついてくると、③体の起こし回転によるバネの貢献が大きくなります。
　　陸上競技の跳躍運動は助走を伴うランニングジャンプですから、助走スピードを活かした③体の起こし回転によるバネを活かした跳躍を目指すべきでしょう。

PART2

走高跳のテクニック
＆トレーニング

走高跳の特性やルール、助走から踏み切り、
空中局面、着地へと至る動きの
ポイントを理解しましょう。
また、動きづくりから跳躍練習まで、
トレーニングの目的をと方法を本章で
しっかりつかんで練習しましょう。

走高跳の特性

走高跳という種目に最も要求されるものはなんでしょう。それは「バネ」の力とタイミング、そして「しっかり踏み切る」ということです。

バネには3パターンある

　走高跳では「バネ」の要素が大変に重要です。走高跳のバネの要素は、3つあります。

　1つは起こし回転によるバネです。体を後傾させ速いスピードで脚を突っ張って踏み切ると、水平方向の速度が上向きの速度に変換され、前方への回転力が生じます。これが跳躍種目のバネの基本となります。

　2つ目は脚の屈曲 → 伸展によるバネです。脚を伸ばしたときに得られるバネです。

　3つ目は自由肢の振り上げ、振り込みによるバネです。腕や振り上げ脚を振り込み、振り上げる動作で得られるバネです。

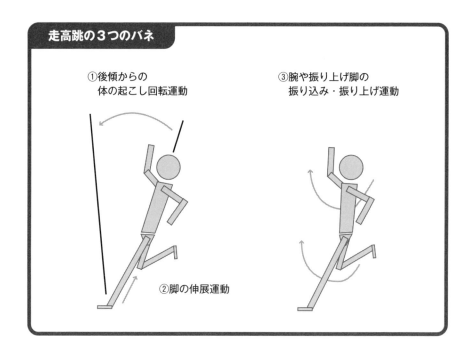

走高跳の3つのバネ

①後傾からの
　体の起こし回転運動

③腕や振り上げ脚の
　振り込み・振り上げ運動

②脚の伸展運動

この3つのタイミング合うと、よい跳躍になります。バイオメカニクス（生体力学）的にみれば、助走のスピードが上がってくると、2つ目と3つ目の要素が少なくなります。逆に助走スピードがゼロの垂直跳びでは、起こし回転は使わず、脚の屈曲、伸展で跳ぶことになります。

助走付きの跳躍では、起こし回転が6〜7割、残りが脚の屈曲、伸展で跳ぶことになります。

バーベルを持って脚を屈曲、伸展させているウエイトリフティングの選手は、垂直跳びが得意なのではないか？　起こし回転を利用して跳んでいる走高跳の選手は、意外にも垂直跳びは苦手なのではないか？　そのような予測が立ちそうです。それぞれ、使っているバネが違うからです。

跳躍の選手は、起こし回転のバネのイメージを常に頭の中においておきましょう。トレーニングが理解しやすくなりますし、またすべての技術の向上にもつながるものです。

踏み切っていることが重要

筆者にはさらに、跳躍には「鉄則」とよぶべきものがあると考えています。それは「踏み切っている」という意識が持てるかどうかということです。

跳躍種目では、原則として加速しながら踏み切ります。ブレーキをかけることなく、すーっと踏み切ることがよいジャンプの秘訣です。

人によってはその感覚を「吸い込まれるように踏み切る」「テンポアップしながら踏み切る」などと表現します。筆者は技術的な練習をするときには、助走の長短にかかわらず、つねに「踏み切る」イメージを持つようにしました。

踏み切れていないときは、腕が振れていないことが多く、踏み切りの失敗は見ている人にもわかるものです。踏み切りは跳躍の最も重要なポイントであることを理解して、しっかりと練習しましょう。

身長が低くても跳べる

走高跳びは一般に身長が高く。細身の方が有利だとされています。欧米の選手は身長が190〜200cmほどあります。日本のトップ選手は180〜185cmくらいが多く、前日本記録保持者の醍醐直幸選手が182cm、リオデジャネイロ・オリンピック代表の衛藤昂選手も182cm、日本記録保持者の戸邉直人選手が193cmですから、身長が高くなる傾向にあるといっていいでしょう。

しかし一方で、225cmを跳んだ土屋光選手の身長が171cmであることを考えると、身長の高さが絶対条件とも言い切れません。身長が低くとも、より高く跳べばいいだけのことです。

スウェーデンのステファン・ホルム選手は、身長181cmで、240cmを跳びました。高度な技術とバネを持っており、インドアの競技会を3連覇してオリンピックチャンピオンに輝きました。

身長が高い選手は、人一倍筋力をつけないと、体をうまく操れないというデメリットもあります。小柄な人は体を大きく使って跳ぶ技術を身につければいいのです。身長が低くても、悲観することはありません。

心理的な影響が出やすい

　走高跳は心理的な影響が出やすい種目です。性格によってもパフォーマンスに違いが出ます。試技3回目になると、まったく跳べないという選手もいます。

　性格には努力では変えられない部分もあります。追い込まれると跳べなくなるようなら、1回目から成功させる"クセ"をつけるなど、自分のパターンを知ってその対策を考え、試合を有利に展開するようにします。

　ルール（P49）上も、"駆け引き"が生じやすい種目ですから、ある程度の精神的な強さと、なによりも集中力が必要とされます。

変化する跳躍スタイル

　走高跳は、跳躍のスタイルが大きく変化している種目です。正面跳びからはじまり、続いてはさみ跳び（シザーズ）、その後にロールオーバー、そしてベリーロール、さらに現在主流の背面跳びが開発されるといった具合に変化してきました。この100年ほどの間に、これだけ跳び方が変わった種目は、走高跳くらいのものでしょう。

　モントリオール・オリンピック以前（東京オリンピックなど）には、ほとんどの選手がベリーロールで跳んでいました。このときの選手の身体的特徴は、筋力の強いパワータイプ。踏み切りの接地時間が長く、振り上げ脚をグーンと伸ばして跳ぶタイプの跳躍でした。技術的に難しい跳び方です。いまでは世界大会でベリーロールを目にする機会はまずありません。

背面跳びにも2つのスタイル

　背面跳びには、パワーフロップとスピードフロップの2つのスタイルがあります。パワーフロップはベリーロールの流れをくむスタイルです。腕や脚を大きく振り込み、振り上げてパワフルに跳びます。スピードフロップは速い助走を活かした跳び方で、振り上げ脚は折りた

パワーフロップの
踏み切り時の姿勢

スピードフロップの
踏み切り時の姿勢

たんで素早く振り上げます。

アームアクション（P52）にもそれぞれ特徴があり、スピードフロップには素早い踏み切りに向くランニングアームやシングルアーム、パワーフロップにはゆっくりした助走に向くダブルアームが適しています。

ルールと順位の決定

走高跳の主なルールと順位の決め方は右のようになります。

理想は1回で跳ぶこと

走高跳のルールでは、たとえば「自分は2回目も失敗してしまった。すでに成功した選手がいる。3回目を跳んでも順位が変わらないのなら、ここは次の高さにかけて、逆転をねらおう。だから3回目はパス！」などということもできます。3回目も失敗すれば、逆転どころか、その1つ前の高さの成績も残りません。

経験が少ないと、3連続失敗を恐れて、それぞれの高さを確実に跳べばいいのではないかと考えがちですが、1回の競技で力が発揮できるのは、せいぜい10回ぐらいまで。漫然と跳んでいては、体力も集中力も失われます。ベストな成績を残すには、どこで跳べばいいかを各競技者がよく考える必要があります。

理想は集中して1回で決めること。駆け引き―それぞれの選手の作戦、展開もあり、逆転優勝が多くみられる種目です。非常に集中力のいる競技であることは確かです。

ルール（2020年現在）

①片脚で踏み切らなければならない。
②跳ばずにパスして、次の高さを跳ぶことができる。1回目、2回目、3回目のいずれでパスしてもいい。
③高さに関係なく、3回続けて失敗したら競技終了。
④バーを落としたり、バーを越える前に体の一部が支柱より先の地面に触れると、無効試技（失敗）1回。
⑤制限時間は、4人以上は1分、2～3人のときは1分30秒、1人なら3分。

順位の決定

①最も高く跳んだ者から1位、2位と順位を決める。
②同記録のときは、その高さで無効試技の最も少なかった者が勝ち。それでも決まらない場合は、全体の無効試技数が最も少なかった者が勝ちとなる。
③②でも1位が決まらない場合は、1位を争う同成績の競技者全員が成功した次の高さで追加試技を1回行う。これで決まらなければ、バーの高さを2cm高くするか（複数の者が跳べたとき）低くするか（1人も跳べなかったとき）して1回の試技を行ない、1位が決まるまで続ける。
④1位以外の同成績の者は同順位とする。

走高跳の技術

「背面跳び」の助走—踏み切り—空中局面・着地の一連の動作を身につけましょう。
体の軸を保ってしっかり踏み切ると、無理なくバーを越えることができます。

助走

■ 助走は7、8割の力で

　左脚で踏み切る場合はバーに向かって
右側から（右脚なら左側から）助走をは
じめます。助走には補助助走をつけるス
タイル（ローリングスタート）と、補助
助走なしのスタイル（セットスタート）
があります。助走で大切なのは曲線部分
をきちんと走ることですから、この点さ
えおさえられるなら気持ちよく走れる方
を選ぶといいでしょう。

動画▶

　助走は全力疾走の7、8割のスピードにします。9割〜全力では高さより幅に挑んでしまうことになり、非効率です。逆に助走が遅すぎると、スピードが活かせなくなり、脚のバネに頼ることになって、起こし回転によるバネを利用できなくなります。つまり、助走はしっかりと走れて、起こし回転のバネが活きる、なるべく速いスピードであることが大事です。

■ 曲線を描きながら走る

　背面跳びの助走は、一般に9〜14、15歩です。バーに向かってまっすぐに走りだし、最後の4、5歩で曲線を描きます。このとき体が円の内部に傾くこと（内傾）で重心が下がります。わざと肩を入れたり、ねじったりすると軸が折れてしまい、よくありません。軸をきちんと意識した姿勢で曲線を描いて走ることを意識しましょう。

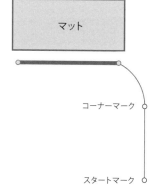

試合ではマークを2つ設置できる

最後の4、5歩で曲線を描く

■ 起こし回転をイメージする

　踏み切るときの起こし回転のイメージはつかみにくいものです。5〜10cmくらいの低い台に乗り込みながら脚を伸展する動き—ウエイトトレーニングでいうなら、ステップアップスを意識して踏み切ってみましょう。

　踏み切り脚を伸展させながら、体の軸をしっかりと乗せます。同時にもう一方の脚の振り上げ動作もタイミングよく行って、跳躍力を高めます。

　起こし回転という言葉は、選手を横から見たときの客観的な表現ともいえるので、言葉にとらわれすぎず、上記のポイントをおさえて練習してください。

■ 腕のタイミングが大事

　踏み切るときには、腕のタイミングを意識することも大事です。

　腕の使い方にはランニングアーム、シングルアーム、ダブルアームなどがありますが、踏み切る脚の側（バーから遠い方）の腕の動きは、共通しています。その腕の振り込みのタイミングを合わせることが、しっかりとした踏み切りには必要です。

　正しい姿勢のとり方（P20）と共通しますが、しっかり腕が振れているということは、肩甲骨が動いているということですから、踏み切りに必要な腰の送り出しがうまくできているということでもあります。

■ 3つのアームアクション

　ランニングアームは自然な腕の振りのため、踏み切り動作を行いやすく、スピードを活かした跳躍に向いています。しかし、バーの側の肩が下がりやすく、跳躍が流れやすいのが難点です。

　シングルアームもスピードを活かした跳躍に向きます。バーの側の腕を上げておくため、肩が下がらず、踏み切り後は

腕のリードによってクリアランスが楽になります。

ダブルアームは両手を同時に振り込み、振り上げることで脚への衝撃を跳躍力に変えることができます。ただし、早い動作スピードではタイミング合わせにくく、ブレーキとなりがちなので、比較的ゆっくりした助走の跳躍に向いています。

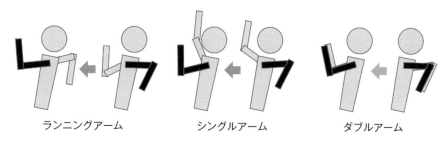

ランニングアーム　　　シングルアーム　　　ダブルアーム

踏み切りと腕の振り込み

体がスプリングだとイメージしてみよう。スプリングが接地するタイミングに合わせて、腕を振り込み肩でスプリングを押せば、スプリングはより大きく弾むだろう。ポイントは振り遅れないこと。これができれば、アームアクションの種類は問わない。振り込み動作のキャパシティを広げよう。

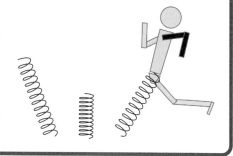

腕をタイミング
よく振り込む

踏み切り脚に軸を乗せる

空中局面・着地

■ アーチを描いて飛ぶ

空中でブリッジのような姿勢になり、大きなアーチ（弧）を描いてバーの上を跳ぶ—。これが一般的な走高跳のイメージではないでしょうか。

確かに写真で見てもわかる通り、背面跳びでは、体はアーチを描き、肩、背中、お尻、脚の順にバーをクリアしていきます。

この空中でバーを越える一連の動作をクリアランスといいます。クリアランスは踏み切り同様、競技成績を左右する大きな要因の1つです。

クリアランスでタイミングよくアーチを描くことができれば、実際の重心の高さより高いバーを跳ぶこともできます。

■ お尻を見る、あごを上げる

空中できれいにそるためには、お尻を

お尻を見る

背中で着地する

動画▶

おへそを見る

54

上げる必要があります。コツの1つは、肩越しにお尻を見るようにすること。すると、スッとお尻が浮いて、バーの上でアーチが描けます。これが比較的安全でかんたんな方法です。

　もう1つは、あごを上げることです。同様にアーチが描けて、腰がスッと持ち上がります。

■ 首を引いて固定する

　体が落ちはじめたら、おへそを見るようにします。すると、腰が丸まって脚が

上がってきます。これでバーを脚でひっかけることなくクリアできます。

　このとき気をつけなくてはならないのは首です。着地で首をゆるめると、むち打ち症になることがあります。

　着地は首でなく、背中でするもの。しっかりとあごを引いて首を固定することが重要です。

あごを上げる

はさみ跳び

■ 助走は直線、テンポアップして

走高跳をはさみ跳び（シザーズ）から
はじめたという人も多いでしょう。左脚
で踏み切る人は、バーに向かって右側か
ら（右脚なら左側から）助走ををはじめ
ます。助走は直線で、バーに対しておよ
そ45度。リズミカルにテンポアップし
ながらスピードを活かし、タイミングに
遅れずに踏み切ることがポイントです。

■ ひざを曲げて重心を下げる

直線助走では、内傾動作で重心を下げ
ることができません。踏み切りの1歩前、
ひざを曲げた状態でかかとから接地し、
踏み切りへとつなげます。

このひざを曲げて重心を下げる動きが
できると、背面跳びの踏み切りがより
安定します。はさみ跳びをウォーミン
グアップに取り入れている選手が多くい

動画▶

ます。

　最近は、内傾は使えるが、ひざを曲げて重心を下げる動きができない選手が、とくに女子に多くみられます。はさみ跳びをしっかりやっておかないと、将来記録が伸びなくなるかもしれません。はさみ跳びは背面跳びの記録を伸ばすためにも、とても有効な練習法です。

ADVICE

背面跳びの記録を伸ばすためにも、はさみ跳びを練習しよう。次のステップでやってみよう。
直線助走のはさみ跳びで、踏み切り1歩前で重心を下げる
→曲線助走のはさみ跳びで体をグッと回す感覚をつかむ
→背面跳び

重心を下げる

走高跳の動きづくり

助走の際の内径動作や踏み切り動作をスキップや曲線走などのドリルで習得していきます。それぞれの運動の目的を理解して行うことが大切です。

踏み切り練習スキップ

スキップの地面に対する力の出し方はそのままで、少しずつ走高跳の踏み切りに近づけていきます。

腕の使い方は、ランニングアーム、シングルアーム、ダブルアームで行います。いずれも踏み切り脚の側の腕の使い方は同じであり、この側の腕のタイミングがしっかりと合っていることが大切です。「よいしょっ」といった感じで脚の伸展力に頼るのではなく、上体および体が起きるタイミングに合わせて、踏み切るのがポイントです。

ランニングアーム

左右の腕を前後に振る自然なアームアクションでスキップをします。

踏み切り脚を強調し、強弱をつけて行います。はじめは脚のタイミングだけを合わせるように行い、慣れてきたら腕を合わせるようにします。高く跳ぶには、腕をタイミングよく大きく振り込むか、スキップのスピードを速めて、踏み切りに高さが出るようにします。

踏み切るタイミングに合わせて、補助者が踏み切り脚の側の腰を軽く押してあげると、体が起き上がって踏み切る感じがわかるので、踏み切りやすくなります。

▶Setting
20歩（20m）×3〜4

踏み切り脚の側の腕を振り込む

シングルアーム

踏み切るとき、踏み切り脚と対角（反対側）になる腕を上げて踏み切るアームアクション。バスケットのレイアップシュートにも似ており、何か目標物があるときはタイミングが取りやすいという特徴があります。

腕（上げる方）を身体の前に保持し、踏み切りのタイミングに合わせて踏み切り脚の側の腕を振り込みます。

▶Setting
20歩（20m）× 3〜4

踏み切り脚の側の腕を振り込む

ダブルアーム

踏み切りのタイミングに合わせて両腕を振るアームアクション。

右脚に体重を乗せているときに両腕を後ろに引き、左脚（踏み切り脚）が接地するタイミングに合わせて両腕を振り込み・振り上げます。

ダブルアームでは腕の動作が大きく、力強く行えるという利点がありますが、スピードが高くなるとタイミングを取りにくくなるという欠点もあります。

▶Setting
20歩（20m）× 3〜4

両腕を振り込む

重心を下げた動きづくり―踏み切り

陸上の跳躍運動のような助走をつけた踏み切りでは、脚の伸展力、振り込み・振り上げ動作、そして起こし回転によるバネを使います。

歩いていてつまずくと、つんのめって転びそうになりますが、これはつまずいたところを支点として回転運動が起こるからです。踏み切りでは体を後ろに傾ける後傾動作をすることで、この回転運動を起こし回転として跳躍力に変えています。

このときの後傾動作は、下体を前方に送り出すことでつくり出します。上体を後ろに傾けてつくり出そうと考えてしまいがちですが、そうするとブレーキが大きくなってしまいます。

プッシュウォーキング

地面を強く蹴ることで一歩ごと腰が前に進むことを感じながら歩行する運動です。重心の上下動を小さくするように心がけ、足首がそらないように、蹴った足のかかとで地面を押すようなイメージをもちます。腰に手をあてて行うと、地面を蹴った力が腰に伝わり、送り出される感覚がわかりやすくなります。

▶Setting
10歩（20m）×3〜4

動画▶

ニーベントウォーキング（ひざ曲げ歩行：KBW）

ひざを90度に固定したイメージで、重心の上下動がないようにしながら進みます。接地している脚のひざを落とし込むようにして、スムーズな重心移動を目指します。

▶Setting
10歩（20m）×3〜4

ニーベントウォーキングからの踏み切り練習

ニーベントウォーキングの姿勢から踏み切りにつなげていく動きづくりです。重心を落とした低い姿勢から，上体を起こして踏み切りにつなげていきます。

▶Setting
5歩（10m）×5〜6

内傾動作

曲線を走ると遠心力が働き、体はこれに耐えようとして円の中心側に自然に傾きます。この動きを内傾動作といいます。内傾動作では、立っているときよりも、地面から重心までの位置は低くなります。

走高跳では曲線を走ることにより、つまり内傾動作をとることで重心の位置が下がり、踏み切りやすくなります。

スネーク走とスラローム走

スネーク走は右や左にくねくねと蛇のように曲がりながら走ることで、身体を内側に傾ける感覚を養う運動です。

はじめのうちは、大きな円を描くように走ると、自然な内傾動作を獲得できます。70 〜 100 m程度の直線コースが確保できる場所で、右から左へ5歩くらい走ったら、次は左から右へ5歩を走ることをくり返します。

このとき、肩を内側に入れたり、上体をねじるようにする必要はありません。右から左へと方向を転換するときに体を起こし、また逆の方に体を倒していくというあくまで自然に体を傾ける感覚を、そして方向転換のときの体を起こす感覚を感じるようにしましょう。

スラローム走はスキーのスラロームのように比較的短い歩数（3歩程度）で右

スネーク走

5歩　　5歩　　5歩

スラローム走

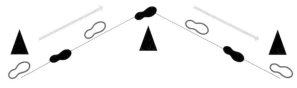

から左へ、左から右へと方向転換をくり返す運動です。コーンのような障害物を置いて、これを目印にして切り返していきます。

足のつき方は、左に切り込んでいくときはコーンの横に左足を置くようにして、右足、左足と置き、次のコーンでは右足をコーンの横に置いて右に切り込んでいきます。これをくり返しながら進むことで体を傾ける——体を起こす——体を傾けるという感覚を速いスピードの中で養っていきます（図・写真は左ページ）。運動に慣れてきたら、次は切り返すときの足を入れ替え、左に切り込むときは右足をコーンの横に接地し、右に切り込むときは左足をコーンの横に接地して方向転換することもやってみると、どちらの足でも方向転換できるようになります（図・写真は本ページ）。

▶Setting
コーン8〜10個（間隔3歩程度）×3〜5

背面跳びの助走

背面跳びの助走は、後半が曲線となる。この曲線の助走は、スピードを落とさずに内傾によって重心を下げられる、踏み切り後にバーに背中を向けやすくなるというメリットがある。

内傾は、体を棒のようにしながら、円の中心に体を傾けることで自然に得られる。肩を入れたり、頭を傾けたりしても、遠心力とバランスのとれた内傾は得られない。サークル走とスラローム走の練習がこの感覚をつかみやすくしてくれる。

サークル走

　直径6〜10歩くらいの円をつくり、この周りを走ります。

　直径が大きい円は走りやすく、小さいと走りにくくなります。まずは大きな円からはじめ、少しずつ直径を小さくして、どこまで小さくできるか、試してみるのもいいでしょう。

　最初のうちは、左脚踏み切りの人は左回り、右脚踏み切りの人は右回りというように、跳躍と同じ方向で回ります。

　なお、練習前には足首のストレッチを行い、7〜8割程度の力で、ねんざには十分に気をつけて行うようにします。

▶Setting
直径10歩×2、8歩×2、6歩×2

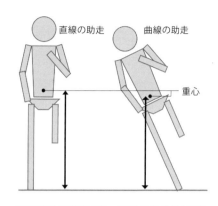

背面跳びの助走では、直線から曲線に変わると、内傾動作で重心位置が下がる。サークルを使った走りでこの感覚をつかむことができる。

動画▶

サークルバウンディング

サークル走にはコツがあります。脚が重心の真下で接地できていること、軸を意識しながら周ることです。

左回りをする場合は、左脚を軸脚にして、重心のやや外側になるであろう位置に左脚を置き、右脚はこれを追い越すようなイメージで走ります。これはサークル上を左右交互にバウンディング（跳んで）してみるとわかりやすいと思います。

▶Setting
**直径10歩×2、直径8歩×2、
直径6歩×2**

サークルホッピング

軸脚をつくって円を走るという意識は、片脚でホッピングしてみると、なお得やすくなります。左回りで走るときは、左脚で体を内傾させながらジャンプして回ります。このとき、軸づくり（P24）で行ったように、左側の腰を先行させると体の軸を感じやすくなり、コントロールもしやすくなります。

▶Setting
**直径10歩×2、直径8歩×2、
直径6歩×2**

走高跳の跳躍練習

上体をそらせてバーを跳び、空中動作を経て着地する練習を行いましょう。はじめは
その場から跳び、短助走や中助走から、また踏み切り板を使うなどして跳躍の動きと
タイミングを練習しましょう。

立ち背面跳び

その場から上体をそらせて跳び、空中
動作を行って、安全に着地する練習で
す。はじめはマットだけを使い、次いで
補助付きで、ボックスの上から、バーを
使ってというように段階を踏んで練習し
ます。

■ 1 バーなしで

マットに背を向けて立ち、バーがある
ようにイメージして跳びます。ゴムひも
を使ってもいいでしょう。

着地するときはあごを引き、背中から
安全に着地します。

■ 4 その場に立って

空中で体をそらせるのに慣れてきた
ら、自分の跳躍力でどれだけ跳べるかを

試してみます。空中では、はじめはバー
を見て上体をそらしますが、慣れてきた
らあごを上げ下げして、このタイミング

動画▶

■ 2 補助付きで

やや斜め上方へ跳び上がるようにジャンプをし、胸を開くようにそらせて、肩越しに腰（かかと）を見ます。補助者は選手が跳んだら、両手を肩甲骨の下くらいにあて、支え上げるように補助します。

■ 3 ボックスから

空中で余裕をもたせるため、台の上からジャンプします。空中で肩越しにバーを見るようにして腰を浮かす感覚をつかみます。

で体をそらします。跳躍力とクリアランスのタイミングが合うと、写真のようにバーを舐めるように越えられます。

▶Setting
1～4それぞれ　×5～10

短・中助走跳躍

　3歩から5歩の助走を使って、曲線部分から踏み切り、空中動作にかけての動きを安定させます。助走が短いので、跳躍の中で踏み切りでの腕の動きや空中動作などを意識して跳ぶことができます。

ホップから3歩でのジャンプ

　左脚踏み切りの場合、踏み切りの4歩前にマークを置き、そこを右脚でホップして越えます。そこからタ・タ・タンとリズムよく踏み切っていきます。左脚を軸にして内傾し、ホップしてからはスピードが落ちないようにするのがポイントです。

▶Setting
（自己記録－30～50cm）×10～20

ホップから5歩でのジャンプ

　踏み切りの6歩前にマークを置いて、そこをホップしてから5歩で踏み切ります。ホップから3歩でのジャンプよりも歩数が増えるのでスピードもより大きいものになります。ホップするまでにスピードを上げておき、ホップしてからはスピードを落とさないようにして踏み切りに入るのがポイントです。

▶Setting
（自己記録－20～30cm）×10～20

動画▶

踏み切り板ジャンプ

踏み切り板を、1踏み切り位置、2踏み切りの2歩前、3両方に置いてジャンプします。踏み切りのリズムと、重心の沈み（踏み切りやすさにつながります）をつかむことができます。

▶Setting
（自己記録−30〜50cm）×10〜20

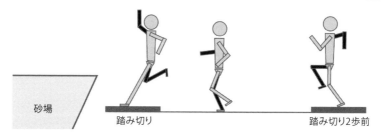

砂場

踏み切り　　　　　　　　　　　踏み切り2歩前

踏み切り板短助走跳躍練習

踏み切ってからクリアランスまでの一連のリズムを習得します。踏み切り板は上記の1〜3に設置して練習します。

▶Setting
（自己記録−30〜50cm）×10〜20

1踏み切り位置

3踏み切り位置＋踏み切り2歩前

中助走跳躍5歩

曲線部分の5歩を使って跳躍練習します。セットスタートから5歩で跳躍したり、ローリングスタートから5歩で跳躍したりします。ローリングスタートの方がよりスピードが大きくなるので全助走での跳躍に近づきます。

ここではホップはしませんが、ホップをするときと同様に、マークを踏んでからは踏み切りにかけて自然なテンポアップができるようにしていき、踏み切りから空中動作、着地へとつなげていきます。

曲線部分のコース取り、踏み切りでの腕の使い方、タイミング、空中動作など、いろいろと意識して跳躍することができます。トレーニングでの頻度は一番多いように思います。

▶Setting
（自己記録−20〜30cm）×10〜20

中助走跳躍5歩

マークを使った助走練習（U字）

マークを使った助走練習（J字）

動画▶

全助走跳躍

全助走跳躍では、助走のスタートから踏み切りにかけてリズムやスピードが自然に上がっていくことに注意を払って練習します。跳躍全体のバランスがいいことが大切になります。

全助走での跳躍をしながら踏み切りに集中する全習的分習法もありますが、まずは助走や跳躍全体の流れを大切に練習するといいでしょう。

マークを使った助走練習

助走路にマークを置いて走る練習です。その外側を正しく走ることで、正しい曲線の走り方を理解できるようになります。U字のようにスタート位置から反対足のスタート位置まで走る。これが安定してきたら、J字にして踏み切りまで入れて、内傾を感じながら踏み切りまで

つなげていくようにします。

助走練習では自己記録よりも高い高さにバーを設定することで高さ慣れができます。より大きな動きで助走するように心がけましょう。

▶Setting
（自己記録＋10〜20cm）×10〜20

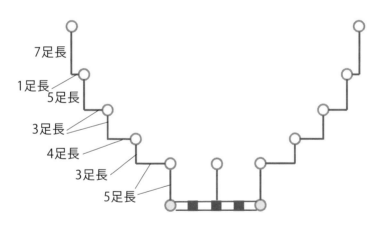

7足長
1足長
5足長
3足長
4足長
3足長
5足長

コーンを使ったマークの設定方法

1足長（そくちょう）＝足（シューズ）1つ分の長さ。

COLUMN

曲率半径

～～～～～～～～～～～～～～～～～～～～～～～～～～～

　「踏み切り前に重心を下げるといい」といわれます。その理由は曲率半径が大きくなることで、水平方向から垂直方向への重心の方向転換が容易になるからです。

　図を見てください。自分が自転車に乗っているとして、アからイに行くにはAとBのうち、どちらが速く、減速しないでカーブを曲がれるでしょうか？　当然、Aの方が減速しないで曲がれると思います。

　これと同じことが跳躍運動でもいえます。跳躍運動では踏み切りで重心を垂直方向に転換させる必要があります。

　人の重心はだいたい「おへそ」あたりにあります。踏み切り準備ができている人は、重心が比較的低い位置にあることで方向転換がうまくできます。

　一方で、踏み切り前の重心が高いと、スピードを落とさないとうまく方向転換できません。跳ぶときにブレーキがかかってしまうのはよくないことです。これが踏み切り前に重心を下げなさいといわれる所以です。

　一般的にこのときの方向転換のしやすさは円の大きさに関係しているので円の半径の大きさから「曲率半径」といわれています。

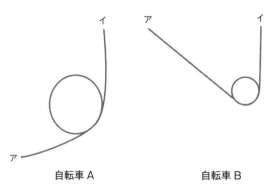

自転車A　　　　　　　　　　自転車B

PART3

走幅跳のテクニック
＆トレーニング

走幅跳と三段跳の特性やルール、
助走から跳躍、着地へと至る動きの
ポイントを理解しましょう。
また、踏み切りのリズムの習得や
跳躍の練習など、トレーニングの目的と
方法を本章でしっかりつかみましょう。

走幅跳の特性

走幅跳は、できるだけ遠くに跳ぶ競技。そのためには、助走と踏み切りのタイミングをつかみ、空中動作を活かした着地の技術を身につける必要があります。

スプリント力が発揮される

走幅跳は簡潔にいえば、遠くに跳ぶ競技です。リズミカルに助走のスピードを上げ、最高スピード近くまで加速した時点で踏み切ります。跳躍種目の中でも、とくにスプリント力を必要とする種目といえます。100mが速い選手は走幅跳でも比較的遠くまで跳べますし、走幅跳が得意な選手は100mも速い傾向にあります。

過去にはジェシー・オーエンス（米国）、カール・ルイス（同）といった選手がオリンピックで100m、200m、リレー、走幅跳で4冠を達成しています。

日本では朝原宣治選手がインターハイの走幅跳で優勝し、その後100mに転向しています。

減速せずに踏み切る

走幅跳の特徴としては第一に、全力疾走に近いスピードで踏み切るということが挙げられます。走りながら体を後傾させて脚を突っ張って踏み切ることで、長軸方向の回転運動が生じて、水平方向の速度が上昇方向の力に変換され、体が上に浮きます（起こし回転）。

助走スピードは速ければ速いほど水平速度が大きくなるので、遠くへ跳べることになります。

ただし、距離を伸ばすためには、踏み切りの角度も重要です。角度が大きければ、体が大きな放物線を描き、より遠くまで跳ぶことが可能なります。

ただし、角度を過度に大きくしようとすると、踏み切り前にどうしても減速してしまうことになります。これでは遠くまで跳ぶことができません。減速せずに踏み切れるスピードは全力疾走の最大95％程度で、角度は20〜25度が目安とされています。

踏み切りラインを越えない

走幅跳には踏み切り板が設置されていることも特徴の1つといえます。踏み切り板の幅は20cm。この板の砂場に近い方のサイドラインが踏み切り線で、距離はこのラインから測ります。

踏み切りのとき、足先が踏み切りラインを越えるとファウル。踏み切り板の先の緑色の部分には足跡が残り、判定できるようになっています。

距離を伸ばすためには、できるだけ踏み切り線の近くで踏み切る必要があります。踏み切り板に踏み切り足を合わせるための安定した助走も、競技の結果を大

きく左右するものとなります。

助走のテンポアップも重要

走幅跳の助走は一般に 18 〜 22 歩。この間に走りを開始し、最高スピード近くまでもっていかなくてはなりません。つまり、効率よくテンポアップし、タイミングよく踏み切るための、助走の組み立て方も重要です。

練習では助走マークを置いて、徐々に助走距離を長くしながら、最高スピード近くまで加速した地点で踏み切れるように、スタート地点を決めていきます。

空中動作から着地へ

走幅跳には、はさみ跳び、そり跳び、かがみ跳びなどの跳躍スタイルがあります。トップクラス選手の空中でのパフォーマンスは見応えがありますが、空中動作で体をより遠くまで跳ばすことは、彼らにもできません。踏み切ってしまった後では、跳躍のエネルギーを新たに得ることはできません。これはどの跳び方でも同じです。空中での動きは、起こし回転の前向きの回転を打ち消して、着地直前で脚を前へ放り出す姿勢をとりやすくするという目的があります。空中動作を行わないと、砂場に頭から落下するおそれがあり、着地の動きもコントロールできず、距離を伸ばすことができません。

体力テストに組み込まれる

走幅跳ではスピード力のほか、ジャンプ力や、空中でのバランス能力など、総合的な能力が求められます。

記録を別にすれば、走幅跳はだれにでもトライしやすい種目でもあります。そのことがかえって要因となるのか、記録を伸ばそうとしたときに、いろいろと考え迷ってしまうことも少なくないようです。助走で気持ちよく加速して、脚を突っ張り、思い切り高く跳び、脚を放り出して着地するいう原則をマスターすることで、記録は出せます。そのポイントとなる動きやタイミングのとり方を、段階を経ながら、練習でしっかりと身につけていきましょう。

ルールと順位の決定

走幅跳の主なルールと順位の決め方は次のようになります。

ルール（2020 年現在）

次の場合は無効試技となる。
①踏み切る足先が踏み切り線よりも先の地面に触れたとき。
②踏み切り板の外側で踏み切ったとき。
③着地してから、砂場を歩いて戻ったとき。
④着地のとき、片脚（後ろの脚）が砂場の外に着地したとき。
⑤制限時間は1分。
また、追い風が秒速2mを超えたときは記録が公認されない。

順位の決定

競技者が8名以上の場合は、試技3回までの成績で上位8名を選ぶ。さらに3回の試技を行い、合計6回の試技で順位を決める。8名以下の場合は、はじめから6回の試技が与えられる。

スプリントタイムと助走の歩数・距離

疾走能力から見た助走歩数・助走距離

図はスプリント力と歩数の関係を示す。30m のタイムが 4.1 秒または 100m の最高タイムが 11.5 秒の人は、助走の歩数が 18 歩くらいが適切。同じように、30m が 3.8 秒または 100m が 10.5 秒のスプリント力がある人なら、22 歩くらいが適切ということ。

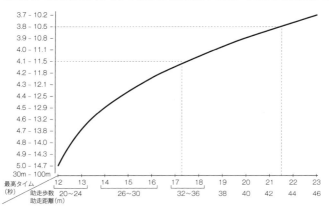

助走距離と 100m 最高タイムとの関係

r は相関係数。－ 1 から 1 までで示され、± 1 に近づくほど両者の間に相関関係があるということ。図では 100m 最高タイムと助走距離との間にマイナスの相関関係が認められるということであり、100m の最高タイムが遅いほど、助走の距離が短くなるという結果が示されている。p は危険率。p < 0.01 は、危険率 1% 水準で有意な相関関係が認められるということ。

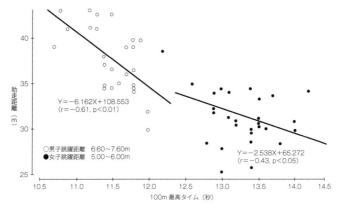

2 図とも「陸上競技指導教本」(日本陸上競技連盟編) 大修館書店 (1988)
P150「走幅跳」(岡野進執筆) を一部改変

100m のように走り、走高跳のように跳ぶ！

走幅跳の世界記録は、マイク・パウエル選手（米国）の 1991 年東京世界陸上選手権での 8m95。私は走高跳に出場していて、彼の跳躍をフィールド内から見ていました。

100m を 9 秒台で走るのではないかと思うほどのスピードで走ってきて、走高跳に挑むかのような高さで跳ぶのを見て、驚愕しました。2 位のカール・ルイス選手の跳躍もすばらしく、ハイレベルな試合でした。

女子ではガリナ・チスチャコワ選手（ソ連）が 7m52 を跳んでいます。これはかなりの記録で、日本の男子でこの距離を跳べる選手は、そう多くはありません。女子の日本記録は井村（旧姓池田）久美子選手の 6m86。女子が 7m を超える記録になれば、世界選手権でメダルが見えてくるといえるでしょう。そう考えると、チスチャコワ選手の記録は、今のレベルから考えても驚異的なものです。ちなみに、男子の日本記録は城山正太郎選手の 8m40 です。橋岡優輝選手も 8m32 をマークしていて、2 人とも 2019 年の世界陸上競技選手権大会では決勝進出を果たすなど今後の活躍が期待されます。

回転運動とランスルー

はさみ跳びやそり跳びでは、踏み切ったときに、回転動作が生まれる。かつてはこれを活かし、クルンと宙返りをして着地していたことがあった。

理論的には遠くまで跳べるのかもしれないが、高いスピードで走ってきて、前にクルンと宙返りをして砂場に着地などというのは、とても危険なことなので、今は禁止されている。

つまり、今は回転作用を抑える必要があるということだ。そのために、脚をバタバタさせ（はさみ跳び）、体をそらせる（そり跳び）という動作を行う。

そり跳びのランスルー

また、はさみ跳びでもそり跳びでも行われるのが、脚を踏み切ってから振り出すランスルーという動作。この動きで、回転を抑えて、空中動作をつくりやすくしている。

幅跳び習得のための順番として、まずは目線の位置に気をつける（P83）→スピードを活かして踏み切れるようになったら、ランスルー動作→空中動作→着地と、段階的に技術を習得していくといいだろう。

そり跳びで体をそらせる

走幅跳の技術

走幅跳の助走─踏み切り─空中局面─着地の一連の動きを身につけましょう。ここで
そり跳びを例に解説し、はさみ跳び（シザース）にも触れます。

助走

■ 助走スピードを徐々に上げる

　助走で大事なのは踏み切りに向かって
テンポアップし、高いスピードを獲得す
ることです。

　助走距離は一般に初心者が 30 ～
35m、女子は 25 ～ 30m ですが、距離
の長短よりも最高スピード近くまで達し
たところで踏み切ることが大事です。

5 歩前

2 歩前（タ）　　　　　　　　　　　　　　　　　　　　1 歩前（タ）

動画▶

つまり、踏み切りのときにスピードが不足しているようなら、助走の距離を伸ばし、高いスピードに達していても、踏み切る前に疲れて失速してしまうようなら、距離を縮める必要があります。

　トップクラスの選手は100mを9秒台で走り、助走距離は40〜50mに達します。初心者にそれほど長い助走距離は必要なく、あくまでも自分が最もスピードに乗って踏み切れる距離を設定します。

　一方、助走のスピードは動きをコントロールできる範囲内でなければなりません。走幅跳に適しているのは、脚を前で

さばいて、ややひざが上がっているような走り方です。脚が流れてしまうと、上体が前傾し、踏み切りに必要な後傾姿勢がつくりにくくなります。

　踏み切り板に足が合わないことは、初心者にとって大きな問題です。安定した踏み切りのためには、踏み切りまで5、6歩のところにマークを置き、そのマークを踏む練習が有効です。また、前半の走りが安定しないことも足が合わない原因になります。いつも同じストライドとリズムで走れる練習が必要です。

４歩前　　　　　　　　　　　　３歩前

み切り（タン）

■ タ・タ・タンで跳ぶ

　踏み切りの2歩前で少し重心を落とし、「タ（2歩前）・タ（1歩前）・タン（踏み切り）」というリズムで跳びます。走幅跳では助走スピードのロスを防ぐため、過度に重心を落とさないようにします。「タ」は、かかとからつま先へ転がすように接地するか、または足全体でフラットに着地するとリズムをつくりやすくなります。そして、「タン」で駆け上がるように踏み切ります。

踏み切り

■ 地面をたたくように踏み切る

踏み切り地点で、助走は最高スピード近くまで達します。踏み切り脚のひざを曲げ、伸ばして跳び上がるような時間はありません。起こし回転を利用して踏み切ります。つまり、脚を突っ張り、体を1本の棒のようにするのですが、実際には踏み切り板を足裏全体で、たたきつけるような感じで力強く踏み切ります。このとき、水平方向の速度が上昇方向に変換され、体が放物線を描いて前方へ跳び出します。

踏み切るときは、前足部からフラットに入り、足裏全体による短い踏み切り（時間にして0.15秒程度）で大きな跳躍力を生みます。

また、踏み切りの角度は一般に20～25度がよいとされます。世界記録保持者のマイク・パウエル選手（米国）が世界記録を出したときが23.1度、そのときのカール・ルイス選手（同）が18.3度ですから、この範囲に限ったことではないようです。ただし、角度が小さすぎると距離が伸びず、無理に大きくしようとすると減速してしまいます。

練習のときは、段階を踏んで技術を身につける必要がありますから、はじめは助走をテンポアップしてスピードに乗り切り、駆け上がるように高く踏み切って、遠い着地へとつなげる練習をくり返し行います。

■ 肩と腕を効率的に使う

高く跳び出して跳躍距離を伸ばすためには、振り上げ脚（自由脚）の動きも重要です。踏み切ってから振り上げ脚（のひざ）を振り上げようとするのではなく、早く踏み込むと同時に振り上げることが大事です。そして、振り上げるとき、腰が抜けてはいけません。

また、肩と腕も効率的に使う必要があります。踏み切りに向かって肩と腕を下げる→踏み切って上げるという動作が必

踏み切り板を足裏全体でたたきつけるように　　　　　　駆け上がるように

動画▶

要になります。

　脚とのタイミングを合わせるのは難しいですが、バネがいったん縮み、弾んで上がるタイミングをイメージして、肩と腕を下げる→上げる動作を練習しましょう。

　肩や腕の使い方がよくなるだけで、踏み切りがよくなり、記録が伸びるケースが少なくありません。初心者の多い体育の授業では、この腕のタイミングをアドバイスするだけで、比較的跳べるようになる学生が多くいます。初心者にとって腕の振りのタイミングを習得することはとても大事です。

起こし回転

棒の先が地面にあたるように斜め方向から投げつけると、水平方向の速度が上昇方向の速度に変換されて、棒が回転しながら跳ね上がる。このような力学的な作用を起こし回転という。
助走を速くし、体の軸を保って、つまり棒状態にして、体を後傾させながら踏み切ると、体にも同様の作用が起こる。
起こし回転のエネルギーを効率よく体全体に伝えるためには、ひざを曲げたり、腰を引いたりせず、軸をまっすぐに保つ。

そり跳びの空中局面・着地

■ 空中で上体をそらして跳ぶ

空中での動きは、踏み切りで得た起こし回転の前向きの回転を打ち消し、着地で脚を前に放り出す姿勢がとれるようにするためのものです。

踏み切ったら、体をまっすぐにし、振り上げ脚を大きく前方へ出します。上体をそるようにして、前に回転するのを抑えて着地しやすい姿勢をつくります。

両腕の動きも大事です。空中でのタメをつくって、両脚をできるだけ前方へ放り出します。

そり跳びは、ほかの跳び方にくらべて、しっかりと踏み切れて、比較的容易に着地姿勢をつくれるというメリットがあります。

振り上げ脚を前に出す

上体を起こして着地
しやすい姿勢をつくる

動画▶

82

男子選手はスピードを活かしたはさみ跳びをする選手もいるのですが、女子選手ははさみ跳びをする選手はほとんどおらず、走幅跳ではそり跳びが主流のように思います。

　空中動作は着地姿勢が取れる準備ができればどれでもよいと思うので、いろいろと試してやりやすい空中動作を習得してください。

■ 目線は上に向ける

　空中では目線が着地点にいってしまいがちです。空中では脚を前方に投げ出すための体勢をとる必要がありますが、目線が下がると脚が前に出にくくなります。そり跳びでもかがみ跳びでも踏み切った後は、まずは上を見るようにしましょう。上体がかぶるのを防ぐことができます。

両脚を前に放り出し着地の
準備をする

■ 脚を前方に放り出す

　着地のとき、脚を前方に放り出すか出さないかで、記録は大きく変わります。トップクラスの選手はみな心得ているので、この局面での差は開いても 1 ～ 2 cm 程度ですが、初心者の場合、30 ～ 40cm ほどの差が出ることも少なくないでしょう。脚をまったく前に出さず、しゃがみ込むように着地する人もいます。このような場合は、脚を前に出すように指導するだけで、記録が大きく伸びます。

かがみ跳びの空中局面・着地

かがみ跳びは、振り上げた脚をそのまま保持して着地する跳び方です。力強く踏み切り、両腕、両脚を斜め前方へ向け、上体を前傾させて両脚を前へ投げ出すように着地します。初心者はほとんど、この跳び方からはじめます。

前述のそり跳びの着地がうまくいかないときは、かがみ跳びを練習することを

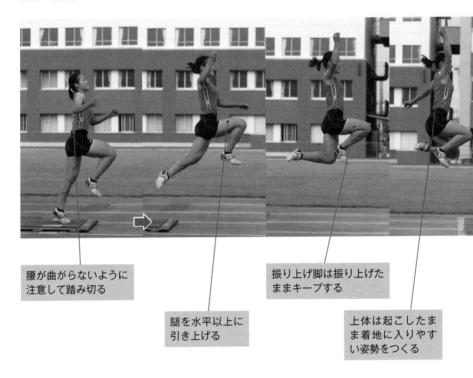

腰が曲がらないように
注意して踏み切る

腿を水平以上に
引き上げる

振り上げ脚は振り上げた
ままキープする

上体は起こしたま
ま着地に入りやす
い姿勢をつくる

スピードに乗った助走からリードレッグ（振り上げ脚）が遅れないように意識して素早く踏み切ります。

振り上げ脚は大腿が地面と水平になる程度まで高く上げ、その姿勢をキープします。このとき、上体を起こしたままにして、体が前方に傾かないようにします。上体がかぶらないようにするには、前を見るのもいい方法です。

空中ではバランスをとりながらこの姿勢を維持します。バランスをとるには腕を大きく動かすといいでしょう。

着地のタイミングに合わせて両腕と両脚を前方に放り出します。着地の前はL字のような長座の姿勢になるようにし、両足はおへその高さまで持ち上げるようにします。

着地後は足で掘った痕跡にお尻を滑り込ませるようにして、足の痕跡よりも後ろの地面に体が触れないようにします。

動画▶

勧めます。かがみ跳びで着地をしっかり
習得し、そり跳びへ、そしてはさみ跳び
へという段階を踏むのもいいでしょう。

ADVICE

かがみ跳びは、着地の習得に効果的。
そり跳びやはさみ跳びの着地がうまく
いかないときは、かがみ跳びを練習し
よう。

両腕と両脚を前に
放り出し、着地の
準備を行う

腕は前から後ろに
振り、長座姿勢を
つくる

着地した痕跡にお
尻を滑らせる

はさみ跳び

はさみ跳びは、踏み切ってか
ら空中を走るように脚を回転
させる跳び方。踏み切ったら、
振り上げ脚を大きく前方に出
し、さらに1回転させて着地
する。この動作によって体が
前に回転するのを抑えること
ができる。

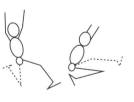

実線：踏み切り脚
点線：振り上げ脚

走幅跳の動きづくり

体の前で脚をさばく走り方に注意して、スピードに遅れないようにする踏み切りを練習するドリルです。

踏み切り

■ 1歩の踏み切りドリル

　1歩の踏み切りドリルは、2～3足長間隔でマークを置き、右足が地面についたら次に素早く左足で踏み切っていきます。踏み切り脚はひざを伸ばして踏み切るように注意して行います。そしてタイミングよく、振り上げ脚も振り上げます。

■ 広い1歩の踏み切りドリル

　広い1歩の踏み切りドリルでは、4～6足長間隔にマークを置いて行います。1歩の踏み切りドリルのマークを抜いていくとよいと思います（①）。少し横の移動（ドライブ）がかかってくるので踏み切るときには踏み込まないように注意してこのドリルを行っていきます。

1歩

3歩

動画▶

■ 3歩の踏み切りドリル

　3歩の踏み切りドリルも、①のマークをそのまま使います。トロッティングをするように脚を素早くさばきながら踏み切りのタイミングに遅れないようにして踏み切っていきます。このときもひざを伸ばして踏み切ることと振り上げ脚のタイミングが遅れないようにしていきます。

■ 広い3歩の踏み切りドリル

　最後に広い3歩の踏み切りドリルです。8〜12足長間隔になるようにマークを置いて横に移動するドライブをかけながら踏み切っていきます。

ADVICE

● 踏み切り脚のひざを伸ばして行うこと。
● 振上脚が遅れないようにタイミングよくひざを振り上げていくこと。

　マークの間隔が広がっていくとインターバルで走ってしまい、踏み切りのタイミングが遅れてしまうことがあります。

　インターバルが広くなっても踏み切りにかけてのリズムは同じリズムで踏み切れるようにしていきましょう。それには脚が流れないように、体の前で脚をさばくような走り方で踏み切りに入るようにしていきましょう。

▶Setting
　　1歩の踏み切りドリル
　　　　マーク8個×4〜5
　　広い1歩の踏み切りドリル
　　　　マーク8個×4〜5
　　3歩の踏み切りドリル
　　　　マーク8個×3〜4
　　広い3歩の踏み切りドリル
　　　　マーク8個×2〜3

広い1歩

広い3歩

走幅跳の跳躍練習

踏み切り板を使った短助走跳躍から少しずつ距離を伸ばし、中助走跳躍を経て、全助走跳躍へと跳躍をつくり上げていきます。

短助走跳躍

踏み切り位置

踏み切り2歩前

踏み切り2歩前＋踏み切り位置

動画▶

踏み切り板ジャンプ

跳躍時に必要なリズム「タ・タ・タン」を覚える練習です。

■ 踏み切り位置

踏み切り位置に踏み切り板を設置することで、踏み切る位置が地面よりも高くなり、踏み切りやすくなります。

踏み切りでは、衝撃に負けないように踏み切り脚で力強く踏み切ると同時に、腕と振り上げ脚のタイミングを合わせて、階段を駆け上がるようにジャンプします。

■ 踏み切り2歩前

2歩前に設置された踏み切り板を踏むことで、踏み切りに必要な踏み切り1歩前のタメがつくれるようになります。

■ 踏み切り2歩前＋踏み切り位置

「タ・タ・タン」のリズムがつくり出せる練習です。

踏み切り板を置くことで（地面よりも少し高いので）踏み切りのタイミングが早くなります。このタイミングに遅れないように腕と脚を振り込むタイミングを合わせます。

それぞれ6、7歩の助走を用いて行いますが、着地まで入れてみたり、踏み切りのタイミングに集中してみたりして行います。

▶Setting
踏切板を使った短助走跳躍×10
踏み切り2歩前に踏切板を
　　置いた短助走跳躍×10
踏み切り2歩前と踏み切り位置に
　　踏切板を置いた短助走跳躍×10

ホップから4歩でのジャンプ

　踏み切りから4歩前にマークを置き、これをホップで越えていってから4歩で踏み切ります。左足踏み切りの場合は、左足でホップして右・左・右・左という感じで踏み切っていきます。踏み切りのリズムは「タ・タ・タ・タン」です。

　このドリルではホップするまでにスピードを上げておき、ホップしてからはスピードを落とさないようにします。

　ホップでは上に跳びすぎないように、斜め前方に跳ぶようにしてドライブをかけていきます。脚をさばきながらタ・タ・タと走り、踏み切りのタイミングに遅れないように振り上げ脚と腕のタイミングも合わせていきます。

▶Setting
×10

ホップから4歩でのジャンプ

助走をつけて2歩＋4歩でのジャンプ

・・

着地—マット

　着地で脚を前に出す動きを習得するため、マットを使い、安全に練習します。助走を4、5歩つけて行います。

　マットが高いときは、踏み切り板やボックスを使うのもいいでしょう。空中

ではズボンをはくように脚を放り出し、長座の姿勢で着地します。

▶Setting
×5〜10

助走をつけて2歩＋4歩でのジャンプ

　踏み切り6歩前と4歩前にマークを置きます。それぞれのマークを踏み切り脚で合わせて越えていき、2個目のマークを越えてからは「ホップから4歩でのジャンプ」と同様にスピードを落とさないようにしながら踏み切りに入ります。

　最初の2歩で踏み切り準備に入るきっかけをつくり、前に進むドライブを感じながら「タ・タ・タ・タン」のリズムで踏み切るのがポイントです。

　ホップから4歩でのジャンプも、助走をつけて2歩＋4歩でのジャンプも、踏み切り前の4歩でスピードを落とさないようにして踏み切るのがポイントです。

　この4歩は走らないで慣性で体を進めながら脚をさばいて踏み切りに合わせるようにすると、踏み切りのタイミングが合ってくると思います。自転車を漕いでいるときにギアをかませないで進みながらペダルを回していく感じに似ていると思います。

　踏み切り前はどうしてもスピードが落ちてしまいますが、こうした意識で踏み切る練習をすることで、スピードの低下を最小限に抑えることができるとともに、タイミングのよい踏み切りができるようになってきます。

　ホップから4歩でのジャンプで脚さばきを覚え、実際の跳躍により近い2歩＋4歩でのジャンプへ進めて実際の跳躍に近づけていきます。

▶Setting

×10

動画▶

中助走跳躍

中助走跳躍は、スピードに乗った状態から踏み切りに入るものと、全助走より も5～6歩短い助走を用いたものの2つが主にあります。

ミニハードルを使った跳躍練習

走幅跳の助走は、加速局面、中間疾走局面、踏み切り準備局面の3つに大きく分かれます。ここでは中間疾走局面と踏み切り準備局面を取り出して練習します。

中間疾走局面では、ひざが上がった前さばきの走りをして脚が流れないようにする必要があります。そして踏み切り準備ではスピードを落とさないようにして踏み切りに入ることが求められます。

スピードに乗った状態から前さばきを意識してハードルを越えて走り、そこか ら6歩のリズムで踏み切りに入ります。スピードに乗った状態から踏み切りに入るので全助走に近いスピードでの練習となります。

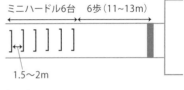

▶Setting
×5～6

中助走跳躍 11 ～ 12 歩

ミニハードルを使った跳躍練習

中助走跳躍 11 ～ 12 歩

全助走よりも 6 歩程度短い歩数での助走となるので比較的コントロールできるスピードでの跳躍練習です。全助走につながるようなリズムで加速局面を走り、そのスピードを落とさないようにし

ながら踏み切りに入ります。試合前には着地まで行い、距離を測定することで試合前の調子を把握することもできます。

▶Setting

×8~10

全助走跳躍

　試合と同じ助走距離を用いて跳躍練習を行います。ここではスタート部分や踏み切り、空中動作などそれぞれの局面を意識した全習的分習法もありますが、基本的には助走から踏み切り、着地の全体のバランスを整えることを目的とする全習法が一般的です。

　適切なスピードが獲得できているか、スタートから踏み切りにかけて助走のスピードが一貫して上がっていっているか、自然なテンポアップで踏み切れているかなどを確認していきます。

　全助走での跳躍練習は集中しなければできないので本数も少なめに行うようにする方がいいでしょう。

▶Setting
全助走跳躍×4〜6

動画▶

PART4

三段跳のテクニック
＆トレーニング

三段跳の特性やルール、助走からホップ、
ステップ、ジャンプ、着地へと至る動きの
ポイントを理解しましょう。
また、跳躍のリズムやタイミングの
合わせ方の練習など、
トレーニングの目的と方法を
本章でしっかりつかみましょう。

三段跳の特性

三段跳は連続した３つの跳躍の距離を競う種目です。前へ跳ぶということでは走幅跳と共通しますが、３つ目の跳躍までスピードを維持しなければならないことから、走幅跳とはまた違った技術やパワーが必要とされます。

バランスよく距離を伸ばす

三段跳は、ホップ、ステップ、ジャンプの３つの連続した跳躍で距離を競う種目です。

いい記録を出すためには、３つの跳躍で、バランスよく距離を伸ばすことが大事です。１つでもうまくいかないと、いい記録は望めません。ホップやステップでスピードが落ちたり距離が伸びなかったりすると、続くステップやジャンプも勢いのない、小さな跳躍になってしまいます。

「水切り跳躍」が主流

三段跳の跳躍のタイプとして、次の２つが上げられます。

○パワーで跳ぶタイプ

各跳躍ごとにしっかりタメをつくるような跳び方です。

それぞれの距離は、たとえば「ホップ36 ～ 37％、ステップ29 ～ 30％、ジャンプ34％」というように、少しずつ落ちていく傾向にあります。

○スピードで跳ぶタイプ

スピードに乗って跳ぶタイプです。

たとえば「ホップ34 ～ 35％。ステップ30％、ジャンプ35 ～ 36％」とほとんど均一ですが、ジャンプがやや大きくなります。

近年、国際大会で多いのは、スピードで跳ぶタイプです。別名「水切り跳躍」。水面上をピッピッとジャンプして進む小石のイメージに重ねて名づけられました。世界記録保持者のジョナサン・エドワーズ選手（イギリス）が具現した跳び方です。18m29という記録を1995年に樹立しました。なお、女子の世界記録は、イネッサ・クラベッツ選手（ウクライナ）の15m50（1995年）です。

初心者には、スピードタイプの跳躍からはじめることを勧めます。三段跳は脚に大きな衝撃が加わる種目です。パワータイプの場合、高く跳んでしまうと脚への負担がいっそう大きなり、ケガにつながる恐れがあります。将来、パワータイプに移行するにしても、技術をしっかり身につけたほうがいいでしょう。

体の前での脚さばきが重要

三段跳では、いかにスピードを落とさず跳ぶかが、３つの跳躍を成功させるカギになります。

技術的に大事なことは、体の前での脚さばきです。ホップ、ステップ、ジャンプのすべてで、脚を前でさばくようにします。

　地面に対しては、受け身でなく、積極的にアタック（着地）することが非常に大事です。怖いというネガティブな感情で気持ちが引けてしまい、受け身で接地をしてしまうと、着地でブレーキをかける結果になり、記録が伸びません。自分から積極的に地面をぐっととらえることで脚にもやさしく、いい跳躍となります。

　本書のトレーニングのページには、それを可能にする動きつくりのドリルを複数掲載しています。たとえば、ローイングスキップ（P106）やハイニーホッピング（P108）は、体の前での脚さばきができるようにするドリルです。

ホップ：踏み切り脚をたたむように回し、素早く前へ出す

ステップ：振り上げ脚や腕を体の前に素早くもっていく

接地：積極的に接地し、次の跳躍へつなげる

ジャンプ：両脚、両腕を前でさばき、前方への重心移動を大きくする

日本人が得意とした種目

三段跳は、日本人にとって伝統のある種目であり、過去にオリンピック3連覇を達成しています。1928年のアムステルダム・オリンピックでは織田幹雄選手が15m21で日本人初となる金メダルを獲得し、1932年のロサンゼルス・オリンピックでは南部忠平選手が15m72の世界記録（当時）で、1936年のベルリン・オリンピックでは、田島直人選手が16m00（人類初の16m台）で金メダルを獲得しています。

現在の日本記録は、男子が山下訓史選手の17m15（1986年）、女子が花岡麻帆選手の14m04（1999年）。長い間、新記録が出ておらず、そろそろ更新を期待したいところです。

世界記録を例えると…

三段跳世界記録保持者のジョナサン・エドワーズ選手（イギリス）の18m29は、電車の車両の1輌分！　世界記録の数字を身近なものにあてはめると、ビックリするかもしれません。たとえば、走高跳の世界記録はハビエル・ソトマヨル選手（キューバ）の2m45。これはサッカーゴールの高

ルールと順位の決め方

与えられる試技の回数など、ルールは基本的には走幅跳と同じです。

ホップ→ステップ→ジャンプは、左→左→右か、右→右→左というように、ホップとステップを同じ脚で跳ばなければなりません。

足はその間、地面についてもかまわないことになっています。かつては、足を地面にこすったりする選手がいて、これが4回の跳躍になるとも言われましたが、現在は特に問題にはなりません（ブレーキがかかり不利になりますから、あえてやろうとする選手もいません）。

なお、女子は戦後いったん公認対象種目からはずされ、1986年から再度日本記録として公認されています。

さ（2m44）といっしょ。バーを越えるときは、それこそクロスバー（ゴール枠の上辺）に腰かけるような感じになります。筆者はソトマヨル選手が跳ぶのを支柱の側から見ていたことがありますが、ものすごい速さで走ってきて、衝撃を受けました。そのときの試技は2m40！

ディープ・バウンディングの効果

ディープ・バウンディングとは、ひざを深く曲げて、ゆっくりバウンディングするもの。重心を低く落としても、振り上げ脚や両腕をうまく使うと、重力に負けずに、ポンと体を上に抜くことができる。

少し高度なトレーニングのため、中高生のふだんのトレーニングには向かないが、跳躍でいかに振り上げ脚や両腕の使い方が重要か、効果的かが、このドリルから理解できる。

三段跳の練習について

脚を下ろし、

上体は垂直を保持したまま、
下ろした脚に乗り込む

○上体をあおっている選手も見受けられるが、タイミングがずれる可能性が高いのでよくない。上体は起こし、接地する脚に乗り込む意識で跳び出すようにしよう。

○ステップとジャンプでの着地は、踏み切り脚で地面を積極的にとらえて踏み切り、このタイミングに合わせて振り上げ脚は伸ばした状態で振り込むこと。その後、振り上げ脚は大腿部が地面と平行になるくらい高く上げる。

○はじめのうちは、ホップを全力で行ってはいけない。連続して片脚で跳ぶこと

になれること。動きに慣れてきたら、走幅跳の記録よりも1m引いたくらいのところまで着地できるように積極的に跳ぼう。

○ステップの着地では、体重の6～7倍程度の負荷が体にかかるといわれている。

○ステップの距離は、一般的にホップで跳ぶ距離の80～85％程度だが、初心者では75～80％。ホップの距離を測定して、ステップの距離の目安にするといいだろう。

三段跳の技術

三段跳は走幅跳同様、跳ぶ距離を競う種目ですが、跳ぶ技術には違いがあります。その動きを局面ごとに理解して、効果的な練習へとつなげましょう。

助走

■ 重心の沈み込みが小さい

三段跳の助走は、走幅跳がそうであるようにリズミカルにテンポアップしてい

き、踏み切りへとつなげます。

ただし、走幅跳とは異なって、3つ目のジャンプまでスピードを維持しなけれ

ばならないため、最初のジャンプ（ホップ）もできるだけスピード落とさず、しかもできるだけ遠くに跳ばなくてはなりません。

このため、走幅跳よりも踏み切りの上昇角度が小さく、体を前へ放り出すようなジャンプになります。

ですから、踏み切り準備での重心の沈み込みが浅く、そのまま走り抜けるようなフラットな助走になることが特徴です。

ADVICE

助走スピードのテンポアップは、踏み切りが正確に行える範囲内にコントロールする。踏み切りがうまく行えるようになったら、助走スピードを少しずつ上げて、跳躍距離を伸ばすことにチャレンジしよう。

重心の沈み込みは浅い

ホップ

■ 低く速く跳ぶ

　三段跳では、踏み切ったときの地面からの反発力や起こし回転のエネルギーをまともに体で受け止めてしうと、走幅跳のように跳び上がってしまい、ステップ、ジャンプへとうまくつなげることができません。

　そこで、踏み切りの角度を小さくし（14〜18度）、脚と腕を振り込んで、前方へのエネルギーに変えます。できるだけブレーキをかけないような跳躍が要求されます。

■ 前方に抜けるように跳ぶ

　ホップでは、体が前方へ抜けるように跳ぶことが重要です。踏み切った脚はたたんで後ろから前へ巻き込むように動かし、体の前方へ進めます。このとき、腰が引けないように積極的に着地する意識が重要です。怖がって接地が早まる（体が後ろにある状態で脚が地面につく）とブレーキになり、後に続くステップと

ジャンプも小さいものになってしまいます。着地はつま先を上げてかかとから。つま先での着地は、ジャンプがつぶれる原因になります。

　逆の脚は空中で切り替えし、後ろに残った状態になります。スピードをつけて遠くに跳ぶホップの練習をくり返し行い、体の各部の動きやタイミングを身につけましょう。

■ 過度の衝撃を避ける

　続くステップとジャンプでは、かなりの衝撃が体に加わります。空中から落ちてきて、そのまま跳び上がるリバウンドジャンプです。着地のときに体には体重のおよそ10倍もの負荷がかかるといわれています。三段跳には、スピード、強いバネに加えて、着地の衝撃に耐えられる体が求められます。

　跳躍の角度が大きくなると、それだけ落下距離もスピードも大きくなり、負荷が増大します。

跳躍角度は浅く

動画▶

「水切りジャンプ」を勧める理由はこ
こにあります。とくに若い選手の場合、
大きすぎる負荷をくり返しかけることは
避けなくてはなりません。

バウンディングやホッピングの練習は
芝生ややわらかい土の上で行う、砂場で
跳ぶなどの方法を取り入れることもでき
ます。

三段跳の大きな動きを身につけること
は必要ですが、オーバートレーニングに
ならないように気をつけ、練習後はクー
リングダウンなどで回復を図るようにし
ましょう。

三段跳とアームアクション

三段跳では、スピードに乗った踏み切り
や跳躍の中で腕を振ることになる。
●ランニングアーム
ランニングアームは自然な腕の振りのた
め、三段跳のようなスピードを活かした
跳躍に向いている。デメリットは、振り
込み動作を片腕で行うことになるので、
その働きがダブルアームにくらべると弱
くなること。また、跳ぶときに体が左右
いずれかに寄りやすく、バランスをとる
のが難しい。
●ダブルアーム
両腕を大きく前後に振れるため、体の軸
がぶれにくく、前方へのエネルギー変換

にも有効。デメリットは両腕を同時に振
るため、速いスピードに対応しにくいこ
とである。ホップでダブルアームを用い
ると、跳躍スピードが落ちる結果になり
やすい。

アームアクションは自分に最も適した
スタイルでいい。それぞれの跳躍で変え
ることも可能。一般的には、ホップ＝ラ
ンニングアーム、ステップ・ジャンプ＝
ダブルアームがいいだろう。

ただ、どちらもできるように練習して
おくのがベスト。それぞれの動きをマス
ターすることが軸のぶれの解消などにつ
ながり、記録が伸びることが少なくない。

積極的に着地

ステップ・ジャンプ・着地

■ 前方への重心移動を大きく

　ステップ、ジャンプともに、スピードを落とさないように前へ跳ばなくてはなりません。とはいえ、踏み切りのスピードは、ホップの局面で減じられています。

　そこでステップでは、振り上げ脚の大きな振り込みや大きな開脚、大きな腕の振りなどで跳躍の動きを着地のタイミングに遅れないように注意しながら大きくし、より遠くに着地できるようにします。脚や手を体の前に大きくもってきて（先取り）、積極的に着地します。ステップのとき、ランニングアームの場合は片腕が体の前に出て、ダブルアームの場合は

ステップ　　　　　　　　　　　　　　　　　　　大きく開脚

腕・脚を体の前へ

両腕が大きく前方に出ます。

片脚で踏み切り、両脚で着地する跳躍ということでは、三段跳のジャンプと走幅跳は共通しますが、助走速度が十分に得られない点が異なります。

三段跳では踏み切り脚や振り上げ脚のバネなど、すべてを総動員して、前方への重心の移動を大きくする必要があります。振り上げ脚は大きく引き上げて保持

し、両脚を前方へ投げ出すようにして着地します。

ADVICE

スピードを落とさずに跳躍を続けるためには、積極的に着地すること。跳躍の距離を伸ばすためには、手脚のバネを活かし、動きは大きく、体の前へもってきて（先取り）、前方への重心移動を大きくする。

腕の振りを大きく　　　　積極的に着地　　　　　ジャンプ

着地

三段跳の動きづくり

体の前で脚を回す動きや腰に上体に乗せる感覚、バウンディングのタイミング、跳躍のリズムやタイミングの合わせ方などを練習します。

ジャンプドリル

体の前で脚をさばき、体の真下で接地する練習です。

「ローイングスキップ歩行」では、腰が前後や左右に傾いたりしないようにし

ローイングスキップ歩行

ローイングスキップ片脚強調

動画▶

ながら、ひざを高く上げます。ひざを落すときは、腕を振り込むタイミングを合わせ、つま先を上げてかかとから接地します。

「ローイングスキップ片脚強調」では、片脚だけを大きく引き上げ、移動しながら体の前で脚を回し、地面をとらえる動きを習得します。接地点は体の真下にくるようにします。

写真では下腿（ひざ下）を振り出しているように見えますが、意図的に降り出しているわけではありません。下腿をリ

ラックスさせて行うことができているため、自然に振り出されているように見えるのです。

▶Setting

いずれも左右各10回

POINT

体の前で脚を回す動きが重要。腰の位置を一定に保ち、接地は腕のタイミングに合わせて、かかとから。体の真下に接地する。

ローイングスキップ交互

「ローイングスキップ片脚強調」で片脚での動きに慣れたら、左右交互に行います。両腕はボートを漕ぐように動かし、脚に体を乗せながら前に進んでいき

ハイニーホッピング

その場に立った状態から片脚で踏み切り、ひざが胸につくくらいまで高く上げ、そこから地面に積極的に着地する運動をくり返します。両腕を大きく使って接地

その場でのスプリットジャンプ

その場に立った状態から両脚で跳び上がり、前後に開脚し、両脚をそろえて着地します。1回ごとに左右を入れ替えて行います。脚をタイミングよく使うこと

動画▶

ます。バランスを崩さないように体の前
で脚を大きく動かすようにします。

▶Setting
25m×3〜5

のタイミングに合わせて振り込み、着地
の衝撃を緩和して次のジャンプにつなげ
ます。

▶Setting
左右各10回

がポイントです。大きく開脚できるよう
にしましょう。

▶Setting
15〜20回

　「ウォーキング」は、腰の先取り、また腰に上体を乗せられるということが、跳躍の走り（助走）に適しています。それぞれを意識して行いましょう。①

　「ウォーキング→バウンディング」は、ウォーキングで腰に上体が乗る感覚を確認しながら、1歩ずつバウンディングでつなげていくドリルです。②

　「ウォーキング→スプリント」では、ウォーキングをスプリントにつなげます。③

　「キックアップ→スプリント」では、

動画▶

キックアップ → スプリント

キックアップを強調して行います。腕は下の方で振り、腰回りをリラックスさせて前進します。④

　スプリントへの移行は上記2種とも、動きとリズムをくずすことなく、少しずつスムーズにつなげていきます。

▶Setting
①ウォーキング 20m
②ウォーキング 10m+バウンディング 15～20m
③ウォーキング 10m+スプリント 15～20m
④キックアップ 5～10m+スプリント 20m

連続ジャンプ

バウンディング

■ シングルアーム

■ ダブルアーム

　バウンディングは空中で脚を前後に大きく開き、一歩一歩しっかり踏み込んで遠くに跳んでいく運動です。最初は着地のタイミングを合わせることからはじめます。つま先を上げてかかとから足全体で踏み切り、空中ではリラックスして、脚をはさみ込むようなイメージで着地に向かいます。体の前にできるだけ高く上げた脚を、体の真下に落とすように着地

させます。少しずつ距離を伸ばし、接地は積極的にして、なるべく短い接地時間で行えるようにします。

　バウンディングのバリエーションの一つに、「スピードバウンディング」があります。これはあまり上下に跳ばないで、一歩ごとに前へ前へと進んでいくものです。30mくらいの距離を使って、タイムと歩数を測定するといいでしょう。

動画▶

▶Setting
20～30m×3～5

　写真上はシングルアームでのバウン
ディングです。両腕を前後に振って跳ぶ
ので「スピードバウンディング」が行い
やすいという利点があります。
　下の写真はダブルアームでのバウン
ディングです。腕のタイミングを合わせ
るとパワーを活かした跳躍につなげられ
ると思います。

POINT

● バウンディングは、着地のタイミン
グを合わせることからはじめる。
● 体の前にできるだけ高く脚を上げ、
体の真下に落すように着地させる。
● 接地は積極的に、できるだけ短時間
で行う。体の前に上げた脚を体の真
下に着地させる。

ホッピング

ホッピングは、片脚による連続跳躍です。最初はケンケンの要領で行います。

接地のタイミングがずれないように注意します。体をまっすぐにした状態で接地することが大切です。

接地のタイミングが定まってきたら、脚をたたんで回し、腰の位置を少しずつ高くしながら、積極的な着地を目指しま

コンビネーション

右―右―左―左という左右交互のホッピングを行います。三段跳で必要な跳躍のリズムとタイミングを覚えます。右脚から左脚（ホップからステップ）に切り替えるときにバランスとリズムをくずさないように注意します。

体の軸が左右にぶれないように腕はシングルアームで行ったり、ダブルアーム

動画▶

す。着地の際は、つま先を上げて、かかとから入るようにします。

　腕の振り込みもタイミングが遅れないようにして、はじめはシングルアームで行い、慣れてきたらダブルアームで行ってみましょう。

▶Setting
20~30m×左右各3~5

で行ったりして、どちらもコントロールできるようにします。シングルアームの方が最初のうちはタイミングをとりやすいでしょう。

▶Setting
20~30m×3~5

ADVICE

左（右）脚から右（左）脚への移行をスムーズに行う。

アームアクション

アームアクションを習得するには、その場で跳躍をイメージしながら行います。慣れたら、脚のふりをつけて行い、スキップして、実際の跳躍へと発展させます。

アームアクションのタイプとしては、それぞれの腕を前後に振るランニングアーム、両腕をそろえて振るダブルアーム、このミックスであるランニング—ダブルアームがあります。

それぞれのアームアクションのメリット、デメリットを理解した上で練習ではどれもできるようにしておきます。

腕は「振る」というよりも、「振り込む」意識が大切です。後ろにある腕を前に振って、体の脇を通過するときに加速するようにします。スピードに合わせてスウィングの中心あたりでグンと腕を振る動きを習得しましょう。

着地では、腕の振りはタイミングに合

ランニングアーム

ダブルアーム

動画▶

116

わせて、できるだけ大きな動きで行うようにすることが大切です。

ランニングアーム

ランニングアームでは上体が左右にぶれないように注意します。

ダブルアーム

助走スピードが高くなると、両腕をそろえるのが難しくなります。少しずつ助走を速くしていき、スピードに対応できるようにします。

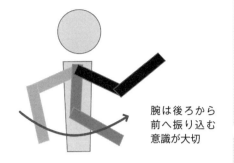

腕は後ろから
前へ振り込む
意識が大切

▶Setting
その場で各10〜15回
↓
15〜20m×各3

三段跳の跳躍練習

踏み切りから跳躍、着地に至るまでの両腕の動きや、三段跳のホップ、ステップ、ジャンプのリズムを習得しましょう。アームアクションはシングル、ダブルともに練習しておきましょう。

ホップ ── 砂場

10〜15歩前後の助走を用いて、砂場に向かって大きくホップします。着地点が砂場なので、跳ぶことに恐怖心を持つことなく、積極的に脚の動きを習得す

ホップ ── メディシンボール

メディシンボールを等間隔に置きます（ボール間の距離はホップの歩幅で調整します）。ボールがその場から動かないように軽く触れ、反対脚を伸ばしながらホップしていく練習です。ホップのときの脚の動かし方を覚えます。

▶Setting
8個×左右各4〜5

ADVICE

ホップでは走り抜けるように踏み切ろう。走り抜けるようにするには、反対脚（振り上げる方の脚）を伸ばして（実際にはのせないが）置いてあるボールに足をのせるようにするとうまくできる。

動画▶

118

ることができます。

　前脚の動きはできるだけ大きく、ひざ
を高く上げて、積極的に行います。

　砂場にラインを引いて、これを越せる
ように、思いきりよく跳びましょう。

　三段跳は最後のジャンプまでスピード
を維持して跳ぶことが記録向上のカギで
す。ホップではあまり高く跳ばないで、
遠くへ跳ぶことを心がけましょう。

ADVICE

ホップではあまり高く跳ばず、走り抜
ける感じで踏み切ろう。天井が低い廊
下でホップするイメージで跳ぶとうま
くいくだろう。

▶Setting

×10〜15

短助走跳躍

6歩程度の短い助走で、三段跳の動きとリズムを習得する練習です。ジャンプまでスピードが落ちないように跳躍を続けることが大切です。

ステップ—ステップ—ジャンプ

6歩程度の助走に続いて、ステップ—ステップ—ジャンプ（写真では踏み切り脚は右、左、右）と跳びます。

腕のタイミングが遅れないように注意して前に跳びます。ステップ—ジャンプのバリエーションもあります。これはステップからジャンプへの練習です。

ホップ—ホップ—ジャンプ

スピードに対応したホッピングの練習

ステップ ― ステップ ― ジャンプ

ホップ ― ホップ ― ジャンプ

ホップ ― ステップ ― ジャンプ

です。腕と振り上げ脚の振り込みのタイミングが遅れないようにします。ホップ
―ジャンプのバリエーションもあります。

ホップ―ステップ―ジャンプ

6歩くらいの助走を用いた通常の三段
跳です。腕と振り込み脚のタイミングを
合わせながら、積極的に着地ができるよ
うにします。

スピードが上がってきたら腕の動きを

コンパクトにして、踏み切りのタイミングに遅れないようにします。

腕は踏み切るタイミングに合わせて振
り、平泳ぎの腕かきの要領で肩甲骨を動
かします。

▶Setting
それぞれ ×4〜5

動画▶

短・中助走跳躍

　三段跳の跳躍練習には、6歩程度の助走距離を用いた短助走跳躍、10〜14歩程度の助走を用いた中助走跳躍、18〜20歩程度での全助走跳躍とに分けることができます。普段の練習で用いることが多いのは短助走と中助走での跳躍練習といえるでしょう。

　短・中助走跳躍では全助走でのものと比べると助走のスピードレベルが低いので、ホップ、ステップ、ジャンプそれぞ

動画▶

れの部分に的を絞った部分練習や、ホップとステップ、ステップとジャンプといったコンビネーションジャンプの練習などがやりやすくなります。

　より高い助走スピードの中で両腕と反対脚の振り込むタイミングを大切にして、三段跳に必要な跳躍のリズムを習得していくといいでしょう。

　三段跳は３つの跳躍の合計での距離を競う競技です。３つのバランス比を試しながら短・中助走跳躍で自分の跳躍のスタイルを確立していくとよいでしょう。

三段跳の助走練習

三段跳の助走では、ホップ、ステップ、ジャンプの３つの跳躍につながるようなリズミカルな助走が求められます。

　助走の歩数はスプリント力によって変わってきますが、トップクラスの男子選手では 18 ～ 22 歩、ジュニア男子やトップクラスの女子選手では 16 ～ 20 歩になります。

　助走を３つの局面に分けて考えると、スタートから６歩目くらいまでが「加速局面」となります。加速局面では頭を下げて上体を前傾させ、しっかりと地面を押していくことで加速していきます。

　次の６歩程度が「中間局面」となります。ここでは徐々に上体を起こしていって最大スピードの獲得を目指します。

　そして踏み切りにかけての６歩が「踏み切り準備局面」となります。この局面では走り抜けるような踏み切りにつなげていきます。

　助走のリズムは歩数によって図のタイプに分けられると思います。大切なポイ

加速局面

踏み切り準備局面

動画▶

ントは、スタートから踏み切りにかけて
スピード、テンポを上げていくことです。
いろいろと試していって自分に合ってい

る助走リズムと走り方を練習していきま
しょう。

加速局面（4〜8歩）	疾走局面（4〜8歩）	踏み切り準備局面 （6歩）

助走のリズム

- 6－6－6（18歩）：大学生
- 8－6－6（20歩）：　加速が弱い
- 6－8－6（20歩）：　スピードがある
- 4－6－6（16歩）：高校生
- 4－4－6（14歩）：中学生
- 4－4－4（12歩）：初心者〜

▶Setting
×6〜10

疾走局面

跳躍運動の補強運動

それぞれの跳躍種目に共通する補強運動です。
スピードをつけて跳ぶために必要なバネを強化していきます。

跳躍

跳躍種目の基本となるジャンプ運動での補強運動です。

両脚や片脚で跳ぶ運動や、助走をつけるもの、その場から脚の屈曲・伸展で跳ぶ運動など、ジャンプ運動にはさまざまなタイプがあります。

助走スピードを使って跳ぶには、脚を伸展させて跳ぶ動きが必要ですが、そのベースとなるバネを強化するという目的では、どれも必要な運動です。

立ち幅跳び

スピードがない状態でのパワーを評価するのに用いられますが、両腕を振り込み、振り上げるタイミングの練習にもなります。

反動を使って脚を伸展させるタイミングに合わせて、両腕を後ろから前に振り込む

伸び上がるように両腕を振り上げ、脚でしっかりと地面をキックする

動画▶

砂場のふちに立ち、両脚で地面をしっかり蹴るように踏み切って、できるだけ遠くへジャンプします。

脚の伸展と腕を振り込むタイミングを合わせることで、より遠くに跳ぶことができます。

また、着地では両腕を前から後ろに大きく動かして、両脚を前に放り出し、足が掘った跡にすべり込むようにして、有利な着地動作を習得します。

砂場の目標地点に目印などをつけて、そこまで跳ぶようにするのもいいでしょう。距離が伸ばせる着地動作の習得につながります。

▶Setting
×5（距離を測定して
体調の把握に用いる）

POINT

● 踏み切りで地面をしっかり蹴る。
● 両腕を大きく動かす。着地では前から後ろに！
● 足で掘った跡にすべり込む。

脚は折りたたむようにして胸に引きつけ、腕は前から後ろに振り下ろすことで脚を前に放り出す

長座姿勢になるようにして、なるべく脚を前につけるようにする

砂場の痕跡にお尻をすべり込ませるように着地する

立ち五段跳び ― バウンディング

スピードがないときから、スピードに乗ったときまでの跳躍力を、バランスよく強化できます。日常のトレーニングで跳躍距離を測定することで、コンディションの把握にも役立ちます。

脚のバネに腕の振り込みを合わせて、

腕を大きく振って蹴るように進む

ギア切り替えへ。接地時間を短く

立ち五段跳び ― ホッピング

「立ち五段跳び―バウンディング」と同様にスピードに対応したホッピングが習得できます。片脚で連続して跳ぶホッピングでは、動きの先取りをしていかないと、次のジャンプに対応できません。

体の前から、しっかりと地面をとらえ

体の前から地面をとらえる

動画▶

できるだけ大きな動きで跳躍することを心がけます。スピードがない状態では、腕を大きくしっかりと振り、地面を蹴るようにして進みます。

スピードが乗った3歩目からはギアを切り替えて、スピードを落とさないように短い接地時間で跳ぶようにします。

▶Setting
×4〜5

地面への着地では積極的に地面をキャッチする

るころが大切です。腕と振り上げ脚のタイミングを踏み切り脚のキックのタイミングに合わせます。

▶Setting
×4〜5

腰が曲がらないように注意しながらひざを前に高く

踏み切り脚のキックに腕、振り上げ脚を合わせる

ホッピング

ホップに必要な筋力強化や、すべての跳躍運動・スプリントで求められる軸づくりにもつながるドリル。跳躍脚の腰に上体を乗せる感覚を確認しながら行います。

階段上り＆下りホッピング

「階段上りホッピング」（写真上）では、なるべくひざが曲がらないようにして行います。両肩はまっすぐ、進行方向と直角になるようにします。

跳躍脚の腰に上体を乗せるようにして、地面反力を感じながら跳んでいきま

補助付きホッピング

補助者は選手の振り上げ脚の甲あたりを持ち、少し引っ張るようにしながら負荷をかけていきます。選手はこの負荷に負けないように踏み切り脚で踏み切り、両腕や振り上げ脚の振り込み動作も行いながら、ホッピングで前に進みます。離

動画▶

しょう。両腕をタイミングよく振り込むことが大切です。

「階段下りホッピング」（同中）では、跳躍脚に軸をつくり、これに上体を乗せていきます。接地する前の空中では、両腕を引いて跳躍脚の腰を出します。地面の反発を胸（みぞおち）で感じながら行います。

ゆるやかな下り坂を利用するのもいい方法です。下り坂の方が強度が高くなるので、行う回数を少なめにしましょう。

▶Setting
30〜50段×3〜5

地後、ひざをできるだけ高く上げて跳躍脚を抱え込み、前から積極的に接地します。接地するときは、つま先を上げて、かかとからフラットにつきます。

▶Setting
10〜15歩×3〜4

ボックスジャンプ

ボックス→地面→ボックス

　高さがある台から跳び下りて、次の台に跳び乗ります。台の高さは 30 〜 40cm くらいが適当です。高すぎる台は不向きです。

　ボックス（台）の間隔は 3 〜 4 m と します。ボックス間が狭いと振り上げ脚のスウィングが使えないので、着地の衝撃が大きくなります。

　このドリルでは、台から下りるときは積極的に着地するようにします。台に跳

ボックス→地面→着地

　台から跳び下りて着地し、砂場に向かってジャンプします。三段跳のジャンプ局面（スピードの落ちた状態で遠くに跳ぶ）をイメージした練習です。台は上記と同じ高さのものを用います。

　両腕と振り上げ脚を大きく使って、できるだけ遠くに跳びます。着地は、足の痕跡よりも後ろにお尻をつかないように練習しましょう。

　専門的トレーニングなので、長期間行

動画▶

び乗るときは、腕の振りや肩の引き上げに合わせ、振り上げ脚をうまく使うことが大切です。

　また、振り上げ脚でボックスをしっかりと蹴ることで踏み切り脚側の腰が送り出され、跳びやすくなります。

※中学生はこのドリルは控え、体がより発達した段階で行うようにしましょう。

POINT

台から跳び下りるときは、脚で地面をとらえるつもりで積極的に着地する。台に跳び乗るときは、振り上げ脚をスウィングさせる。

わないようにします。

※中学生はこのドリルは控え、体がより発達した段階で行うようにしましょう。

POINT

台から跳び下りるときも、砂場に跳ぶときも、前方へ遠くに跳ぶ。両腕、脚を大きく使う。

踏み切り

跳躍のバネのうち、振り上げ脚の振り込みと振り上げ動作を強調したトレーニングです。

踏み切り脚で力強く踏み切るタイミングに合わせて、振り上げ脚のひざを高く振り上げます。踏み切り脚は地面

ハードルサイド1歩ジャンプ

1歩のインターバルでハードルを跳ぶ運動です。左脚で跳んで左脚で着地して、振り上げた右脚で踏み切り準備をしたら

すぐにまた左脚で跳ぶ、という運動を連続して行います。

振り上げ脚を高くすることを強調する

ハードルサイド3歩ジャンプ

インターバルを3歩にして踏み切る運動です。ハードル1歩ジャンプと同じように踏み切り脚で踏み切って、踏み切り

脚で着地します。3歩のリズムで行うことで、より走高跳の踏み切りに近くなります。

をしっかりと押し、振り上げ脚を振り
上げるときには腰が引けた姿勢になら
ないように気をつけます。

　また、慣れてきたら、踏み切り動作の
動きで腕のタイミングも合わせていくと

いいでしょう。

動画▶

ときは、写真のようにハードルの脇を越
えます。踏み切り脚もしっかり伸びて、
地面をしっかりと押すことができるよう
になります。

▶Setting
ハードル8台×3〜4

　また、3歩のハードルでは踏み切り脚
で踏み切って、振り上げ脚（自由脚）で
着地するというバージョンもあります。
　いずれにしても慣れてきたら少しずつ
高くしていくといいでしょう。

▶Setting
ハードル5台×4〜5

ハードル１歩＆３歩ジャンプ

振り上げ脚で着地します。ハードルに脚を引っかけないように注意して、できるだけ高く、リズミカルに跳んでいきましょう。

インターバルは１歩で行ったり、３歩で行ったりします。

▶Setting
ハードル5台×4〜5

■ ハードル１歩ジャンプ

■ ハードル３歩ジャンプ

動画▶

リズムジャンプ

「ツイストジャンプ」（P23）をする要領で跳躍し、左右の足の接地のタイミングを右—左（左—右）と少しずらし、素早い踏み切りのタイミングをつかむ練習です。

リズムに慣れてきたらツイストジャンプと同様に、腰を少し先行させるようにすると、体の軸を感じるとともに地面反力を受けて弾むことができます。

▶Setting
15〜20m×3

自由踏み切りジャンプ

ハードルサイド1歩ジャンプと同じ要領で踏み切り脚で着地し、1歩のインターバルですぐさま踏み切ります。

目標物がないので、動きに慣れるまでは自由踏み切りジャンプを行い、慣れたらハードルを使った運動をするといいでしょう。

▶Setting
8〜10m×3〜4

足首のストレッチなどを事前に十分に行い、ねんざなどしないように気をつけよう。

トレーニングプラン

競技力を上げるためには、まず現在地を確認し、目標を設定することが大切です。
そして、このギャップを埋めるためにはどうすればいいのかを考えてトレーニングプ
ランを立てる必要があります。

トレーニング計画は、1年を試合期、準備期、移行期に分けて考えるとわかりやすいと思います。

下表は、大学生の年間トレーニングを示したものです。4月の記録会から6月末の日本選手権までを「試合期1」として設定し、地区インカレや日本選手権などねらいを定めた大会での最高成績を得ることを目標とします。8月末から10月までは「試合期2」とし、秋の主要な大会での最高達成を目指します。

試合を終えた11月は「移行期」と呼ばれ、試合で消耗した身体的・精神的な疲労を取り去り、積極的な回復を目指します。また、この期間は試合やそれまでのトレーニングを評価・反省し、次年度の目標を設定するとともにトレーニング計画を立案していきます。

11月下旬から3月までが「準備期」となります。準備期の前半は「一般的準備期」と呼ばれ、基礎的な技術を習得していくとともに基盤となる体力も高めていきます。強度よりも量的なトレーニングを優先させていくといくことも特徴です。

2月からは3月末にかけての準備期の後半は「専門的準備期」と呼ばれ、それぞれの種目の技術の完成を目指すとともに、その技術を行うのに必要な専門的な体力を高めていきます。

高校生の場合も同様になります。右表は高校生の主な試合を基にした年間計画

大学生の年間計画

月	競技会	期分け	備考
11		移行期	
12		準備期（一般的）	
1		↓	後期試験
2		準備期（専門的）	春休み
3		↓	
4	記録会、春季サーキットなど	試合期1	前期授業開始
5	地区インカレ	↓	
6	個人選手権、日本選手権	↓	
7		（短期充電期）	
8	地区選手権	試合期2	前期試験
9	日本インカレ	↓	夏休み
10	国体（日本U20選手権）	↓	後期授業開始

となります。

発育段階にある高校生は専門的なトレーニングの期間は比較的短くし、基礎

体力や基礎的な技術の習得に重きをおいたトレーニングを中心に行っていくといいでしょう。

高校生の年間計画

月	競技会	期分け	備考
11		移行期	
12		準備期（一般的）	期末試験
1		↓	3学期
2		↓	
3		準備期（専門的）	期末試験　春休み
4	記録会	（試合準備期）	1学期
5	支部予選、県大会	試合期	
6	ブロック大会	↓	
7	（県選手権等）	↓	期末試験　夏休み
8	インターハイ	↓	
9	県新人戦	↓	2学期
10	国体、日本U18選手権 ブロック新人戦	↓	中間試験

準備期のトレーニング

準備期は試合期に向けてのトレーニングを行う時期です。冬期のトレーニングでは短いものでも3〜4か月程度、長い場合だと6か月程度の期間を使ってトレーニングすることができます。

次のページの表は11月後半から3月末までを冬期トレーニングとした場合の主なトレーニングの流れです。

それぞれの主な内容をスプリント、技術、筋力・パワーとに分けて記しています。

11月後半の時期は動きづくりなどを中心に正しい動きのチェックや体力テスト（コントロールテスト）を行うことによってその時点での体力レベルを確認します。

12月から本格的に冬期トレーニングに入っていきますが、最初はロングスプ

リントなどの量的なトレーニングを行います。これと並行してウェイトトレーニングやサーキットトレーニングなどを行い、ベースとなる基礎体力をつけていきます。そしてこの時期の技術練習は短い助走を使った跳躍練習やハードルを使った動きづくりなどを行い、その先の専門運動で求められる基礎的な技術の獲得を目指します。

2月からは専門的準備期になります。スプリントは比較的短い距離でスピードを上げていき、跳躍練習も速いスピードに対応させて助走距離を伸ばしていきます。そして筋力・パワーのトレーニングも回数が少なくて重い重量を上げるものに変えていき、その後は短い時間で大きな力を発揮するパワートレーニングに移行していきます。

月		スプリント	技術	筋力・パワー
11	移行期	動きづくり	動きづくり	回数多めの 筋力トレーニング ↓
12	一般的準備期	ロングスプリント ↓	短助走跳躍	↓ ↓
1		↓ 負荷付きスプリント	動きづくり・短助走跳躍 助走練習	↓ 回数少なめの 筋力トレーニング ↓
2	専門的準備期	ミドルスプリント ショートスプリント	短～中助走跳躍 ↓	↓ パワートレーニング
3		↓ オーバースピード	中～全助走跳躍 ↓ ↓	↓ ↓ ↓

　トレーニングの配置を考えるときは次の①～⑤の順に配列すると効果的。1日に行うトレーニングにおいても、この順序に従って行うとトレーニング効果が高まります（持久力のトレーニングは回復を高めることにもつながります）。

① その時期（各期・各月・各日など）の最重要トレーニング課題
② 技術系のトレーニング
③ スプリント系のトレーニング
④ パワー・筋力系のトレーニング
⑤ 持久力系のトレーニング

一般的準備期

＊を用い、負荷の総量を最小～最大まで5段階で表示

曜日	負荷	主課業	内容
月	＊＊＊＊	筋力・パワー	ハイクリーン（12回×5）、スクワット（12回×5）、フォワードランジ（左右各10回×3）、サイドランジ（左右各10回×3）
火	＊＊＊	技術	動きづくり、短助走跳躍
水	＊＊＊＊	スプリント	テンポ走（200m×5）、体幹補強
木	＊＊	積極回復	ロングジョッグ、 （サーキットトレーニング）など
金	＊＊＊＊	スプリント・筋力	スプリント（150m-200m-300m-200m-150m）、ハイクリーン（12回×5）、スクワット（12回×5）
土	＊＊＊	技術	動きづくり、短助走跳躍
日	＊	休養	

専門的準備期

曜日	負荷	主課業	内容
月	＊＊＊	スプリント	スタートダッシュ（30m × 5）、下肢・体幹補強
火	＊＊＊＊	技術	助走練習、短中助走跳躍 足首・ひざ・体幹補強
水	＊＊＊	筋力・パワー	ハイクリーン、スクワット（ともに 10-7-5-3-5-7-10 回）、ステップアップ（左右各 10 回 × 3）、フライングスプリット（20 回 × 3）、メディシンボール直上投げ（100 回）
木	＊＊	積極回復	ハードル歩行、ウィンドスプリント
金	＊＊＊＊	技術	助走練習、短中助走跳躍 足首・ひざ・体幹補強
土	＊＊＊＊	スプリント・筋力	加速走（20m ＋ 30m × 4）、ハイクリーン、スクワット（ともに 10-7-5-3-5-7-10 回）
日	＊	休養	

試合準備期のトレーニング

試合準備期では、試合期に向けて技術と体力を仕上げていきます。

スプリントでは短い距離の全力疾走やトーイングなどを行って、スピードレベルを高めていきます。体力面ではジャンプ運動などを多く行って、全助走での跳躍に必要なパワーを高めていきます。技術面では全助走での跳躍の完成を目指します。記録会などに参加して試合での技術を確認していくとよいでしょう。

この時期は春休みにあたるので合同の練習会や合宿などに参加して、試合に向けた技術・体力を集中的に仕上げていくのも効果的だと思います。

試合準備期（仕上げ期）

曜日	負荷	主課業	内容
月	＊＊＊＊	技術	跳躍練習（助走練習）または連続跳躍（バウンディングなど）
火	＊＊＊＊	スプリント	スタートダッシュ（20m × 3）、トーイング（50m × 3）、ハードルジャンプ (5 台 × 2)、サーキット
水	＊＊＊	筋力・パワー	ハードル走（5 台 × 5）またはポップアップハードル、立幅跳 (5 回 × 2)、メディシンボール直上投げ（100 回）
木	＊＊	積極回復	ロングジョッグ、ストレッチなど
金	＊＊＊＊	技術・スプリント	スタートダッシュ（20m × 3）、跳躍練習、体幹補強
土	＊＊＊＊	筋力	スクワット、クリーン（負荷を軽めにして最大スピードで行う それぞれ 10 回 × 3）、連続跳躍（バウンディングなど）、ウェーブ走（150m × 4 ～ 5）
日	＊	休養	

試合期のトレーニング

試合期では、目標とする試合に向けてコンディションを整えていきます。

ここでは体力面を高めていくというよりは短い距離のスプリントや軽めの重さでの筋力トレーニングなどで刺激を与えていきます。そして技術面では修正を加えながら精度を高めていくことが主なねらいとなります。

試合期

曜日	負荷	主課業	内容
月	＊＊＊＊	技術・スプリント	助走練習、中助走または全助走での跳躍練習（本数を少なめ）
火	＊＊＊	スプリント・技術	加速走（20m ＋ 30m × 4）、助走練習
水	＊＊＊＊	筋力・パワー	スクワット、クリーン（負荷を軽めにして最大スピードで行う それぞれ 10 回× 3）、連続跳躍（バウンディングなど）
木	＊＊	積極回復	ロングジョグ、マッサージ、ストレッチなど
金	＊＊	スプリント（調整）	スタートダッシュ（30m × 2 ～ 3）、立五段跳（× 3 ～ 4）
土	＊＊＊＊＊	試合（技術）	中助走または全助走での跳躍練習、スクワット（10 回× 3）、足首・体幹補強
日	＊	休養	

試合期が長い場合、筋力やパワーなど体力の低下によってパフォーマンスが落ちてしまうことがあります。この落ち込みを防ぐため、試合がない時期には体力面の強化しておく必要があります。

以下に示したものは、それぞれ技術、スプリント、筋力、パワーを重点的に強化するためのメニューです。試合の間隔が３週間程度ある場合に、必要だと思われる練習を取り入れて行うといいでしょう。

試合期（技術・パワー強化）

曜日	負荷	主課業	内容
月	＊＊＊＊	筋力・スプリント	ハイクリーン、スクワット（ともに 10-7-5-3-5-7-10 回）、ステップアップ（左右各 10 回× 3）、フライングスプリット（20 回× 3）、ウェーブ走（150m × 4 ～ 5）
火	＊＊＊	パワー	立五段跳（または 6 歩助走付走幅跳／三段跳）、メディシンボール直上投げ（100 回）
水	＊＊＊＊＊	技術	スタートダッシュ（20m × 2 ～ 3）、跳躍練習（短助走～全助走）、片脚スクワット（各 10 回× 3）、片脚カーフレイズ（各 30 回× 3）、体幹補強

木	＊＊	積極回復	ロングジョグ、ストレッチなど
金	＊＊＊＊＊	技術・筋力	スタートダッシュ（20m×2〜3）、跳躍練習（短助走〜全助走）、片脚スクワット（各10回×3）、片脚カーフレイズ（各30回×3）、体幹補強
土	＊＊＊	パワー	ボックスジャンプ（左右各5回×2）、立五段跳、メディシンボール直上投げ（100回）
日	＊	休養	

試合期（技術・スピード強化）

曜日	負荷	主課業	内容
月	＊＊＊＊	スプリント	スタートダッシュ（20m×2〜3）、助走練習、片脚スクワット（各10回×3）、片脚カーフレイズ（各30回×3）、体幹補強
火	＊＊＊＊	スプリント・筋力	トーイング（50m×3）、加速走（20m＋20m×3〜5）、ハイクリーン、スクワット（ともに10-7-5-3-5-7-10回）、ステップアップ（左右各10回×3）、フライングスプリット（20回×3）
水	＊＊＊	スプリント	坂上り走（50m×5〜7）
木	＊＊	積極回復	ロングジョグ、ストレッチなど
金	＊＊＊	スプリント・技術	ハードル走（5台×5）、助走練習
土	＊＊＊＊＊	技術・パワー	スタートダッシュ（20m×2〜3）、跳躍練習、ハイクリーン、スクワット（ともに10-7-5-3-5-7-10回）、ステップアップ（左右各10回×3）、フライングスプリット（20回×3）、体幹補強
日	＊	休養	

試合期（スプリント・筋力強化）

曜日	負荷	主課業	内容
月	＊＊＊	スプリント	ウェーブ走（150m×5）、サーキットトレーニング
火	＊＊＊＊	スプリント・パワー	テンポ走（200m×5）、立三段跳、立五段跳（または6歩助走付走幅跳／三段跳）、砲丸投げ（前後各6回）
水	＊＊＊＊	スプリント・筋力	ハードル走（5台×5）、ハイクリーン、スクワット（ともに10-7-5-3-5-7-10回）、ステップアップ（左右各10回×3）、フライングスプリット（20回×3）
木	＊＊	積極回復	ロングジョグ、ストレッチなど
金	＊＊＊＊	筋力	ハイクリーン、スクワット（ともに10-7-5-3-5-7-10回）、ステップアップ（左右各10回×3）、フライングスプリット（20回×3）、メディシンボール直上投げ（100回）
土	＊＊＊＊＊	スプリント・パワー	スレッド走（30m×5）、立三段跳、立五段跳（または6歩助走付走幅跳／三段跳）、砲丸投げ（前後各6回）
日	＊	休養	

※中学生や高校生はハイクリーンやスクワットの代わりにメディシンボールを使った直上投げや自分の体重を使ったスクワットジャンプ、片脚スクワットなどで代用するのもいいでしょう。

跳躍の試合に臨む

試合当日にあわてることのないように準備しておくべきことを確認しましょう。また、試合前や試合中に気をつけたいこと、パフォーマンスがうまくいかないときの修正方法も心得ておきましょう。

試合前日まで

	前日まで	ユニホーム、ナンバーカード、スパイク（ピンの長さ）の確認
6：30	起床	
7：00	朝食	いつも通りでなるべく消化のいいもの
7：50	出発	交通手段と出発時間を予め確認しておく
8：20	到着	競技場の風、招集場所の確認
9：20	ウォーミングアップ開始	ウォーミングアップで行うことを確認しておく
10：20	召集時間	ナンバーカード、スパイク（ピン）、商標のチェック。忘れ物がないように
11：00	試合開始	助走マークの設定、競技場の風などの確認

行動予定

行動予定表（上の表）を作成し、確認します。各項目の時間は、試合時間から逆算して求めます。招集時間は種目によって違うので、必ず確認するようにします。

練習

試合に向けての1週間〜10日前の練習は、トレーニング量、強度ともに低くなるのが一般的です。翌日に疲労が残らないようにして、フレッシュな状態で試合に臨めるようにします。

ウェア

試合当日が「雨」と予想されるときは、雨具だけでなく、換えのウェア、靴下、タオルなどの準備をしておくといいでしょう。

体が雨に濡れると体温が奪われ、体力が消耗すると同時にパフォーマンスを発揮することができません。とくに走高跳では、マットが雨で濡れてしまうため、着替えの準備は必須です。

用具など

スパイク（ピン）の長さを確認します。プログラムにピンの長さ等のルールが記載されているので確認しておきましょう。ナンバーカードをユニホームにつけます。走高跳は前のみ、走幅跳と三段跳は前と後ろにつけるのが一般的です。

食事

試合前日の食事は、消化のいいものをとり、胃に負担のかかる脂っこいものやタンパク質が多いものは避ける方がベターです。「跳んで勝つ」にかけて「とんかつ」などを食べるのはあまりお勧めできません（筆者の好物であったため、高校時代には試合前日の食卓によく出てきました）。食あたりを避けるために、生ものは控える方がいいでしょう。

睡眠

メンタルリハーサル（ウォーミングアップから試合までを頭の中でイメージする）を行うのも悪くはありません。ただし、興奮して睡眠不足になることもあるので要注意。そうでなくても、緊張感などから熟睡できず、不安になることもあります。見方を変えれば、試合に向けて体が力を発揮しようと準備をしているのだともいえます。一晩くらいなら眠らなくても大丈夫と思える精神力も大切です。

試合当日

風速

走幅跳と三段跳は風の影響を受けるため、競技場の風は確認しておきます。心理的な準備にもつながります。

向かい風が強いときに助走をスタートすると不利なので、風がおさまるまで待ちますが、いつでもスタートできるように集中して準備しておきます。

風の影響は、走高跳の場合はそれほど大きなものではありません。多少の向かい風くらいなら、あまり気にしないでいつも通りの踏み切りを心がけましょう。ただし、スタートからコーナーマークまでの前半部分は、ちょっとした向かい風で影響を受けることも多いので、スタート位置を前に出して調節してもいいでしょう。

ウォーミングアップ

ウォーミングアップをいつも以上にやる必要はありません。走高跳は試合によっては自己ベストと同じくらいの高さがから跳躍開始となる場合があります。そのようなときは、すぐにベストな跳躍ができるようにウォーミングアップで跳躍練習を行うなどの準備も必要となります。

インターバル

インターバル（試技間）では、いつでも跳べるように体を冷やさないことが大切です。跳んだ後はウェアを着る、タオルを体に巻くなどしましょう。

夏の暑い日に、ウィンドブレーカーのような厚手のものを着ると体力を消耗します。季節にあった服装を心がけます。

また、前の試技を反省し、走れていないとき

は加速走やダッシュを入れるなどして、次の試技に備えます。

水分補給

試合では本人が思う以上に汗をかくことが多いので、こまめに水分を摂取することが大切です。

食事

試合が長時間または食事の時間にかかるときは、消化が早いバナナやゼリーなどを摂るのも1つの方法です。前日に準備しておくか、当日買う場合は購入場所を予め確認しておきます。

跳躍開始

跳躍前の集中が大切です。メンタルリハーサルでイメージをつくります。

［走高跳］

最初の高さは、練習の調子をみてから決めるのがベストです。走高跳ではベスト記録から15〜20cm引いた高さから始めるのが一般的です。

［走幅跳・三段跳］

最初の試技では、絶対にファールをしないようにします。

試合後

試合後はクーリングダウンをしっかりと行い、次の試合（練習）に備えます。

アイシングなどのケアも忘れずに行いましょう。試合結果を反省し、次の試合での目標や課題を設定します。

試合の失敗の原因と修正方法

走高跳

●跳躍が流れている

原因 ①踏み切り位置が遠い。②バー側の肩が落ちている。③上体が前傾している。

修正 ①助走マークを調整する。②踏み切りのタイミングに合わせて肩を引き上げる。③踏み切り準備で上体を起こしておく。

145

●踏み切りのつぶれ

原因 ①踏み切りで踏み込み過ぎる。②オーバースピード。③自由肢（腕・肩・振り上げ脚）の振り込みのタイミングが遅れている。

修正 ①最後の1歩を素早く。②スピードをコントロールする。③振り上げ脚の振り込みを踏み切りに合わせる。

●踏み切り前の減速

原因 ①速すぎる助走スピード。②きつすぎる曲線部。

修正 ①スピードコントロール。②曲線のマークを外側にして曲線をゆるやかにする。

●下降時にバーに触れる

原因 ①脚の返しの遅れ。②不十分な助走スピード。③遠すぎる踏み切り位置。

修正 ①空中で頭を落とし、タイミングよく脚を返す。②助走スピードを上げる。③踏み切り位置の調整。

●上昇中にバーに触れる

原因 ①近すぎる踏み切り位置。②早すぎるクリアランス。

修正 ①踏み切り位置の調整。②バーを見てクリアランスまでのタイミングを計る。

●踏み切り位置が安定しない

原因 ①コーナーマークを踏んでいない。②曲線部の走りが回りこんだり直線的であったりと不安定。

修正 ①コーナーマークを踏むこと。スタートでのストライドの確認をする。②安定した曲線の走りを獲得する。

走幅跳・三段跳

●踏み切りにかけてテンポが上がっていない（間延びしている）

原因 スタート局面の消極的な走りの影響でオーバーストライドになっている。

修正 助走のマークを前に出す、または前半を積極的に押していく。階段を駆け上がるような意識を持つ。

●着地で前かがみになる

原因 空中で体が前かがみになっている。

修正 空中動作の取得。踏み切りで上体を起こす。

●踏み切りで上体がかぶる

原因 ①ストライドパターン（タ・タ・タン）が変化しなかったため。②頭が下がり、視線が踏み切り板を見ていたため。

修正 ①失敗の説明とリズムの適切な変化。②視線を前方におく意識。

●踏み切り前のスピードの低下

原因 ①長すぎる助走距離。②スタートからの急激な加速。③オーバーストライド。

修正 ①スプリント能力に相応した歩数の設定。②安定したスタート局面の練習。③踏み切りマークの確認、踏み切りにかけてのテンポアップ。

●踏み切りのつぶれ

原因 ①最後の1歩の踏み込み。②自由肢（腕・肩・振り上げ脚）の振り込みが合っていない。③軸がない。

修正 ①最後の1歩から踏み切りを素早く。②振り上げ脚をできるだけ早く振り上げる。③ホッピング、両脚ジャンプ、スクワットで軸を確認する。

●足が踏み切り板に合わない

原因 ①前半スタート局面の走りが安定しない。②リズムを取りすぎてスピードがない。③マークを置いていない。

修正 ①スタート局面の走り（マーク）を確認する。②助走でスピードを出すようにする。③スタートと中間マークを置く。

●踏み切りで空振ってしまう

原因 重心が高い。

修正 踏み切り前で重心を下げる。踏み切りリズムの確認。

補強運動

体を鍛えるための基本的な運動を「補強運動」とよびます。それぞれの運動の目的を理解して、正しい姿勢で行い、跳躍種目に必要な筋肉の性能をバランスよく高めましょう。

V字腹筋

上半身と下半身を同時に一気に持ち上げてVの字をつくる。脚はなるべく伸ばして行うこと。両手がつま先につくのを1回とカウントする。

| 15〜20回 |

➡腹筋

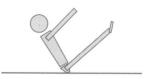

上体起こし

両手を頭の後ろで組み、上体を起こす。足は固定しないで行う。かかとはなるべくお尻に近い位置に置く。

| 30回 |

➡腹筋

腕の振り込みを使った上体起こし

補助者に足を押さえてもらい、上体を起こすタイミングに合わせて、両腕を振り込む。慣れたら、シングルアーム、ランニングアームなど、自分のアームアクションで行う。

| 20回 |

➡腹筋

バタ腹筋

両腕を胸の前で組み、上体を起こす。両脚が地面につかないようにして、バタ脚の要領で動かす。

| 30〜50回 |

➡腹筋

上体起こし背筋

腹ばいの姿勢で、補助者に脚を押さえてもらう。両手を背中で組み、上体をできるだけそらせながら起こす。上体をそったところで1秒間静止し、ゆっくりと下ろしていく。

| 30回 |

➡背筋

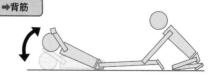

姿勢保持背筋

20回

➡背筋

よつんばいになり、対角にある腕と脚（右と左、左と右）を上げてまっすぐ伸ばし、2秒間保持する。動作はゆっくと、交互に行う。

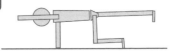

バタ脚背筋

30〜50回　➡背筋

うつぶせになり、両腕と両脚を伸ばす。対角にある腕と脚をセットにして同時に上げ下げする。バタ脚の要領で行う。

下体起こし背筋

20〜30回　　　　　➡背筋

うつぶせになり、補助者に上体を押さえてもらう。両脚をそろえて伸ばし、できるだけ地面につけないように上下させる。

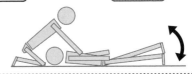

肩車スクワット

15〜20回

➡脚（大殿筋、ハムストリング）、体幹部（腹筋、背筋）

ほぼ同じ体重の人を補助者にし、肩車をして脚の屈伸を行う（腰が曲がらないように注意）。補助者は壁に両手をつき、バランスをとるのを助ける。

片脚スクワット

左右15回ずつ

➡脚（大殿筋、中殿筋、ハムストリング）

両手を壁につき、片脚でスクワットを行う。ひざがつま先よりも前にでないように注意しながらできるだけひざを曲げること。

ヒールルイズ

15〜20回

➡ふくらはぎ（腓腹筋）

10cm程度の高さの台に、かかとが出るように乗る。壁に両手をついて、かかとを上下させる。両脚からはじめて、慣れたら片脚で行う。

腰上げ

10回

➡ハムストリング、体幹部（背筋）

仰向けになり、台の上に脚を載せる。腰を持ち上げ、1、2秒間程度保持する。ゆっくり行うこと。

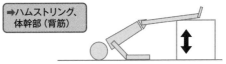

ひざ立ち上体起こし

10回

ひざ立ちになり、補助者に脚を押さえてもらう。両腕を背中で組み、上体をできるだけ前方に倒し、もとのポジションに戻る。

➡ハムストリング、体幹部（背筋）

ランジウォーク

20歩

上体が前にかぶらないように注意しながら、腰を落とし、大股で歩く。

➡脚（ハムストリング、中殿筋、大殿筋）

フライングスプリット

10回

前後開脚姿勢から上に跳び、脚を入れ替えて着地する。両腕をタイミングよく振り込むと、行いやすい。

➡脚（ハムストリング、中殿筋、大殿筋）

ステップアップス

左右10回ずつ

台の上に片脚を置き、台に乗り込みながら、その脚を伸展する。同時に振り上げ脚も振り上げ、踏み切り後の姿勢をつくる。

➡脚（ハムストリング、中殿筋、大殿筋）

タックジャンプ

10〜15回

立位姿勢からジャンプして両脚を抱え込む。これを連続して行う。

➡脚（ハムストリング、腸腰筋、大殿筋）、体幹部

スタージャンプ

10〜15回

立位姿勢から上に大きくジャンプして両腕、両脚を大きく開く。

➡脚（ハムストリング、中殿筋、大殿筋）、体幹部

腕立て伏せ

15〜20回　➡上腕三頭筋、大胸筋

上体と下体が一直線になるように注意して行う。手の幅が狭いと上腕三頭筋、広くすると大胸筋を強化できる。

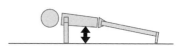

手押し車

腕立て伏せの姿勢で補助者に足首を持ってもらい、腕を交互に動かして前に進む。

20〜30m

➡上腕二頭筋、上腕三頭筋、腹筋、背筋

ハンドスプリング

手押し車の姿勢から、腕立て伏せの要領で腕を屈伸させ、前に進む。

5〜20回または10〜20m

➡大胸筋、上腕二頭筋、上腕三頭筋、腹筋、背筋

仰向け歩行

補助者に両手を持ってもらう。両ひざを立て、背筋を伸ばして仰向けのような姿勢になり、前方に進む。

5〜20回または10〜20m

➡腹筋、背筋、ハムストリング

メディシンボール投げ（後ろ）

女子は2〜3kg、男子は3〜4kgのメディシンボールを両手で持ち、脚の力を使って後方へ、できるだけ遠くに投げる。

10回

➡大殿筋、ハムストリング、背筋

メディシンボール投げ（前）

上記と同じメディシンボールを両手で持ち、脚の力を使って前方へ、できるだけ遠くに投げる。

10回

➡大殿筋、ハムストリング、背筋

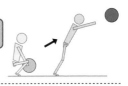

メディシンボールひねり渡し

メディシンボールを両手で持ち、上体をひねってパートナーと受け渡しを行う。パートナーとの距離を広げると、より負荷がかかるので、調整して行う。

15〜20回

➡腹筋、背筋

メディシンボール腹筋

地面に腰を下ろし、ひざを立てる。両手を上げて補助者からメディシンボールを受け取り、そのまま上体が地面つくところまで倒す。上体を起こす勢いでボールを補助者に戻す。

15〜20回

➡腹筋

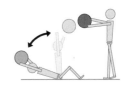

脚によるメディシンボール投げ（前）

両足でメディシンボールをはさみ、両脚を伸ばしたまま、補助者にパスする。

10回

➡腹筋

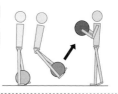

脚によるメディシンボール投げ（後ろ）

両足でメディシンボールをはさみ、両脚を後ろに蹴り上げるようにして、背面から補助者にパスする。

10回

➡背筋、ハムストリング

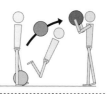

ハードル歩行

ハードルを並べ、そのすぐ横を、抜き脚の動きをしながら進む。股関節を大きく使うのがポイント。

8～10台×3～4回

➡大殿筋、中殿筋、腸腰筋、ハムストリング

ブリッジ

ハードルの横木を両手で握り、上体をそらせてブリッジの要領でくぐり抜ける。

8～10台×3～4回

➡背筋、腹筋

シザリング

ハードルの横で、両脚を伸ばしてハサミのように動かしながら進む。ハードルを切り刻むイメージで行う。

8～10台×3～4回

➡腸腰筋、ハムストリング、腓腹筋

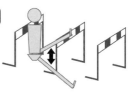

ディッピング

ハードルを体の両わきに平行に並べる。両手で横木を握って支持し、体を上下させる。

10～20回

➡上腕二頭筋、上腕三頭筋

脚のスィング

ハードルを体の両わきに平行に並べる。両手で横木を握って支持し、両足を前後にスウィングさせる。

20～30回

➡腸腰筋、ハムストリング

巻末資料1 跳躍の助走スピードと距離

グラフは、2007年世界陸上競技選手権大会における決勝戦上位3選手の、スタートから踏み切りまでの助走スピードの変化（助走曲線）。LAVEGという機器を使用し算出している。

走幅跳：男子

・サラディノ選手の最高スピードは3選手中、最も低いが、踏み切り時には他の2選手とほぼ同じくらいで踏み切れている。踏み切り前には、踏み切り準備を行うため減速してしまうが、これを最小限に抑えることができる技術を持つ。
・ハウ選手は助走スピードが最も速く、踏み切りから7.20m地点で最高スピード11.08m/秒をマーク。しかしそこからの減速が大きく、踏み切りでは最高スピード10.66m/秒のサラディノ選手とほぼ同じくらいのスピードまで落ちている。
・グラフからも、サラディノ選手が優れた踏み切り準備の技術を持っていることは明らか。

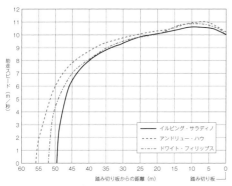

順位	1	2	3
男子選手名	イルビング・サラディノ（パナマ）	アンドリュー・ハウ（イタリア）	ドワイト・フィリップス（アメリカ）
記録	8.57 ＋ 0.0	8.47 － 0.2	8.30 ＋ 0.4
最大スピード	10.66m/秒	11.08m/秒	10.90m/秒
踏み切り板からの距離	9.57m	7.20m	8.89m

走幅跳：女子

・女子の踏み切り時のスピードは9m/秒を少し超えるくらいで、10m/秒を少し下回る男子と比べると大きな差がある。この違いが男女間の跳躍距離を生む理由となる。
・最高スピードが高かったのは、レベデバ選手の9.45m/秒。最も低いコルチャノワ選手でも9.20m/秒を記録。最高スピードをマークしている地点が、それぞれ踏み切りから3〜4mであったことをみると、3選手ともに卓越した踏み切り技術を持つことが伺える。

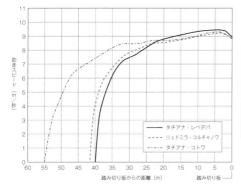

順位	1	2	3
女子選手名	タチアナ・レベデバ（ロシア）	リュドミラ・コルチャノワ（ロシア）	タチアナ・コトワ（ロシア）
記録	7.03 ＋ 0.3	6.92 － 0.3	6.90 ＋ 0.5
最大スピード	9.45m/秒	9.20m/秒	9.28m/秒
踏み切り板からの距離	4.11m	3.73m	4.75m

[P152・153]
Biomechanics Team of IAAF / JAFF

三段跳：男子

・最高スピードが高いのはエボラ選手の 10.49m/ 秒だが、これは男子走幅跳と比べると高い
　ものではない。
・踏み切り前、準備局面でのスピードの落ち込み（減速）は、男子走幅跳と比べると小さい傾
　向にある。これは三段跳の踏み切り準備が重心をそれほど下げないで、比較的フラットに
　踏み切っている表れである。

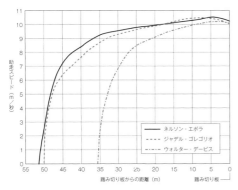

順位	1	2	3
男子 選手名	ネルソン・ エボラ （ポルトガル）	ジャデル・ ゴレゴリオ （ブラジル）	ウォルター・ デービス （アメリカ）
記録	17.74 ＋ 1.4	17.59 ＋ 0.3	17.33 ＋ 1.0
最大 スピード	10.49m/秒	10.45m/秒	10.23m/秒
踏み切り板 からの距離	4.25m	7.22m	3.25m

三段跳：女子

・上位 3 選手の助走スピードを女子走幅跳の上位 3 選手と比較してみると、同等の結果が示
　されている。女子三段跳の上位選手は走幅跳も兼ねていることが多かったことが、種目間
　の差がみられなかった理由であろう。
・踏み切り前のスピードの落ち込みも、男子三段跳と同様に小さい傾向にある。走幅跳では 1
　回の跳躍で跳躍距離を競うが、三段跳はホップ、スッテプ、ジャンプという 3 つの跳躍の
　合計距離を競う。ジャンプまでスピードを維持するには、ホップでの跳躍角度を抑える必
　要があるため、踏み切り準備も重心の上下動があまりないフラットなものとなる。この違
　いが踏み切り準備でのスピードの落ち込みの差に表れている。

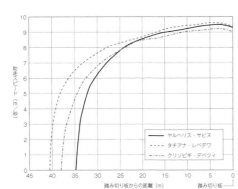

順位	1	2	3
女子 選手名	ヤルヘリス・ サビヌ （キューバ）	タチアナ・ レベデワ （ロシア）	クリソピギ・ デベツィ （ギリシャ）
記録	15.28 ＋ 0.9	15.07 ＋ 0.8	15.04 － 0.2
最大 スピード	9.49m/秒	9.59m/秒	9.23m/秒
踏み切り板 からの距離	3.53m	3.50m	3.09m

走高跳：男子

・現在の世界記録はソトマヨル（キューバ）が 1993 年にマークした 2m45。日本記録は 2019 年の戸邉直人の 2m35 で、世界記録までは 10cm。
・1880 年〜1900 年初頭までは、はさみ跳び、それ以降はロールオーバー、ベリーロール、背面跳びと跳躍スタイルは時代とともに変化し、記録も伸びていった。
・跳躍スタイルの変化にはラバーピットとよばれるマットの出現が寄与したことが大きく、安全性が確保されたことで、背中から着地する背面跳びが可能となった。
・さらに 1968 年のメキシコ・オリンピックから採用された全天候型のトラックの出現によって現在の跳躍スタイルが確立された。

世界新記録（抜粋）

記録	名前	国名	年
2m00	ジョージ・ホーリン	アメリカ	1912
2m01	ランディ・アプトン	アメリカ	1914
2m02	クリントン・ラーセン	アメリカ	1917
2m03	ハロルド・オズボーン	アメリカ	1924
2m04	ウォルター・マーティ	アメリカ	1933
2m06	ウォルター・マーティ	アメリカ	1934
2m07	コーネリアス・ジョンソン	アメリカ	1936
2m08	メルヴィン・ウォーカー	アメリカ	1937
2m09	メルヴィン・ウォーカー	アメリカ	1937
2m10	レスター・スティアズ	アメリカ	1941
2m105	レスター・スティアズ	アメリカ	1941
2m11	レスター・スティアズ	アメリカ	1941
2m12	ウォルト・デービス	アメリカ	1953
2m15	チャールズ・デュマス	アメリカ	1956
2m16	ユーリ・ステパノフ	ソ連	1957
2m17	ジョン・トーマス	アメリカ	1960
2m18	ジョン・トーマス	アメリカ	1960
2m195	ジョン・トーマス	アメリカ	1960
2m22	ジョン・トーマス	アメリカ	1960
2m24	ワレリー・ブルメル	ソ連	1961
2m25	ワレリー・ブルメル	ソ連	1961
2m26	ワレリー・ブルメル	ソ連	1962
2m27	ワレリー・ブルメル	ソ連	1962
2m28	ワレリー・ブルメル	ソ連	1963
2m29	志欽	中国	1970
2m29	パット・マツドルフ	アメリカ	1871
2m30	ドワイト・ストーンズ	アメリカ	1973
2m31	ドワイト・ストーンズ	アメリカ	1976
2m32	ドワイト・ストーンズ	アメリカ	1976
2m33	ウラジミール・ヤシチェンコ	ソ連	1977
2m34	ウラジミール・ヤシチェンコ	ソ連	1978
2m35	ヤチェク・ウショラ	ポーランド	1980
2m35	ディートマー・メーゲンブルク	西ドイツ	1980
2m36	ゲルト・ベシック	東ドイツ	1980
2m37	朱建華	中国	1983
2m38	朱建華	中国	1983
2m39	朱建華	中国	1984
2m40	ルドルフ・ポヴァルニツィン	ソ連	1985
2m41	イゴール・パクリン	ソ連	1985
2m42	パトリック・ショーベリ	スェーデン	1987
2m43	ハビエル・ソトマヨル	キューバ	1988
2m44	ハビエル・ソトマヨル	キューバ	1989
2m45	ハビエル・ソトマヨル	キューバ	1993

日本新記録（抜粋）

記録	名前	所属	年
1m92	織田幹雄	早稲田大学	1927
2m00	朝隈善郎	早稲田大学	1934
2m06	笠松登	リッカー	1958
2m10	杉岡邦由	日本大学	1962
2m15	冨沢秀彦	蚕糸高教	1969
2m18	冨沢英彦	蚕糸高教	1970
2m20	冨沢英彦	碓氷クラブ	1971
2m21	越川一紀	順天堂大学	1977
2m22	小川稔	名古屋南養護教	1977
2m25	阪本孝男	筑波大学	1979
2m26	片峯隆	福岡大学	1981
2m27	阪本孝男	鏑川クラブ	1982
2m30	阪本孝男	東海スポーツ	1984
2m31	吉田孝久	ミズノ	1993
2m32	君野貴弘	順天堂大学	1993
2m33	醍醐直幸	富士通	2006
2m35	戸邉直人	つくばツインピークス	2019

[P154 〜 157] 図解コーチ陸上競技 フィールド編（スポーツシリーズ）改編
佐々木秀幸著　成美堂出版　1993

走高跳：女子

・現在の世界記録は 1987 年の世界陸上競技選手権大会（ローマ）でコスタディノヴァ（ブルガリア）が記録した 2 m 09。日本記録は 2001 年に今井美希（ミズノ）がマークした 1 m 96。
・女子も男子と同様に、跳躍スタイルの変化とともに記録が更新された。

世界新記録（抜粋）

記録	名前	国名	年
1m66	ドロシー・オーダム	イギリス	1939
1m71	ファニィ・ブランカーズ=コーエン	オランダ	1943
1m72	シェイラ・レーウィル	イギリス	1951
1m73	アレクサンドラ・クディナ	ソ連	1954
1m74	テルマ・ホプキンス	イギリス	1956
1m75	ヨランダ・バラシュ	ルーマニア	1956
1m76	ミルドレッド・マクダニエル	アメリカ	1956
1m77	Zheng Fengrong	中国	1957
1m78	ヨランダ・バラシュ	ルーマニア	1958
1m80	ヨランダ・バラシュ	ルーマニア	1958
1m81	ヨランダ・バラシュ	ルーマニア	1958
1m82	ヨランダ・バラシュ	ルーマニア	1958
1m83	ヨランダ・バラシュ	ルーマニア	1958
1m84	ヨランダ・バラシュ	ルーマニア	1959
1m85	ヨランダ・バラシュ	ルーマニア	1960
1m86	ヨランダ・バラシュ	ルーマニア	1960
1m87	ヨランダ・バラシュ	ルーマニア	1961
1m88	ヨランダ・バラシュ	ルーマニア	1961
1m90	ヨランダ・バラシュ	ルーマニア	1961
1m91	ヨランダ・バラシュ	ルーマニア	1061
1m92	イローナ・グーゼンバウアー	オーストリア	1971
1m94	ヨルダンカ・ブラゴエワ	ブルガリア	1972
1m95	ローズマリー・アッカーマン	東ドイツ	1974
1m96	ローズマリー・アッカーマン	東ドイツ	1976
1m97	ローズマリー・アッカーマン	東ドイツ	1977
2m00	ローズマリー・アッカーマン	東ドイツ	1977
2m01	サラ・シメオニ	イタリア	1978
2m02	ウルリケ・マイフェルト	西ドイツ	1982
2m03	ウルリケ・マイフェルト	西ドイツ	1983
2m04	タマラ・ブイコワ	ソ連	1983
2m05	タマラ・ブイコワ	ソ連	1984
2m07	リュドミラ・アンドノワ	ブルガリア	1984
2m08	ステフカ・コスタディノヴァ	ブルガリア	1986
2m09	ステフカ・コスタディノヴァ	ブルガリア	1987

日本新記録（抜粋）

記録	名前	所属	年
1m61	山内リエ	中京高女	1939
1m62	山内リエ	菊花女教	1942
1m63	山内リエ	菊花女教	1946
1m65	田中初世	八幡製鉄	1959
1m66	堤絹子	日立	1962
1m67	鳥居充子	光華短大	1963
1m70	鳥居充子	東急	1964
1m71	稲岡美千代	中央大学	1970
1m73	鈴木久美江	東洋大学	1971
1m74	稲岡美千代	中央大学	1971
1m78	山三保子	岡輝中教	1972
1m82	稲岡美千代	大京観光	1974
1m83	曽根幹子	東洋大学	1974
1m85	曽根幹子	大昭和	1975
1m90	八木たまみ	関東学園大学	1978
1m93	福光久代	大昭和	1981
1m95	佐藤恵	福岡大学	1987
1m96	今井美希	ミズノ	2001

走幅跳：男子

- 現在の世界記録は 1991 年の世界陸上競技選手権大会（東京）でパウエル（米国）が跳躍した 8 m 95。日本記録は城山正太郎（ゼンリン）が記録した 8 m 40。
- 1968 年のメキシコ・オリンピックから採用された全天候型トラックの出現により記録も伸びていきました。また高地で開催されたので空気抵抗が平地よりも低く、短距離系の種目は記録が出やすかったといわれている。このとき、ビーモン（米国）が記録した 8 m 90 という当時の世界記録は、パウエルが記録を更新するまで 20 年以上も破られない大記録だった。
- 南部忠平（美津濃）が 1931 年に記録した 7 m 98 は当時の世界記録で、山田宏臣（東急）が 1970 年に日本人初の 8 m ジャンプとなる 8 m 01 を跳ぶまで 39 年間破られていなかった。

世界新記録（抜粋）

記録	名前	国名	年
7m61	ピーター・オコーナ	イギリス	1901
7m69	エドワード・グアディン	アメリカ	1921
7m76	ロバート・レーセンダー	アメリカ	1924
7m89	デハート・ハバート	アメリカ	1925
7m90	エドワルド・ハム	アメリカ	1928
7m93	シルビオ・カーター	ハイチ	1928
7m98	南部忠平	日本	1931
8m13	ジェシー・オーエンス	アメリカ	1935
8m21	ラルフ・ボストン	アメリカ	1960
8m24	ラルフ・ボストン	アメリカ	1961
8m28	ラルフ・ボストン	アメリカ	1961
8m31	テル・オバネシアン	ソ連	1962
8m31	ラルフ・ボストン	アメリカ	1964
8m34	ラルフ・ボストン	アメリカ	1964
8m35	ラルフ・ボストン	アメリカ	1965
8m90	ボブ・ビーモン	アメリカ	1968
8m95	マイク・パウエル	アメリカ	1991

日本新記録（抜粋）

記録	名前	所属	年
7m64	南部忠平	美津濃	1931
7m67	南部忠平	美津濃	1931
7m98	南部忠平	美津濃	1931
8m01	山田宏臣	東急	1970
8m10	臼井淳一	順天堂大学	1979
8m10	下仁	千葉陸協	1991
8m25	森長正樹	日本大学	1992
8m40	城山正太郎	ゼンリン	2019

走幅跳：女子

- 現在の世界記録はチスチャコワ（ソ連）の 7 m 52。日本記録は池田久美子（スズキ）が記録した 6 m 86。
- 2001 年以降は池田久美子と花岡麻帆（オフィス 24）の 2 強時代で、2005 年の日本陸上競技選手権大会はセカンド記録でも勝負がつかず、サード記録で勝負が決まるという試合を行った。
- 過去に日本人では、人見絹枝が 5 m 50（1926 年）、5 m 98（1928 年）の世界記録を残している。

世界新記録（抜粋）

記録	名前	国名	年
5m50	人見絹枝	日本	1926
5m57	ミュリエル・ガン	イギリス	1927
5m98	人見絹枝	日本	1928
7m09	ヴィルマ・バラダウスケネ	ソ連	1978
7m15	アニソアラ・スタンチウ	ルーマニア	1978
7m20	バリ・イオネスク	ルーマニア	1982
7m21	アニソアラ・スタンチウ	ルーマニア	1983
7m27	アニソアラ・スタンチウ	ルーマニア	1983
7m43	アニソアラ・スタンチウ	ルーマニア	1983
7m44	ハイケ・ドレクスラー	東ドイツ	1985
7m45	ハイケ・ドレクスラー	東ドイツ	1986
7m45	ハイケ・ドレクスラー	東ドイツ	1986
7m45	ジャッキー・ジョイナー＝カーシー	アメリカ	1987
7m45	ガリナ・チスチャコワ	ソ連	1988
7m52	ガリナ・チスチャコワ	ソ連	1988

日本新記録（抜粋）

記録	名前	所属	年
6m11	伊藤文子	リッカー	1961
6m17	香丸恵美子	三潴高校	1964
6m26	山下博子	三潴高校	1969
6m27	山下博子	中京大学	1971
6m41	山下博子	中京大学	1972
6m58	磯貝美奈子	群馬大学	1987
6m61	高松仁美	ジョージメイスン大学	1995
6m82	花岡麻帆	オフィス24	2001
6m86	池田久美子	スズキ	2006

三段跳：男子

- 現在の世界記録はエドワーズ（イギリス）が 1995 年の世界陸上競技選手権大会（イエデボリ）で達成した 18 m 29。日本記録は山下訓史（日本電気）が 1986 年にマークした 17m15。
- 過去に日本人では、織田幹雄が 15m58（1931 年）、南部忠平が 15m72（1932 年）、田島直人が 16m00（1936 年）の世界記録を樹立した。
- 走幅跳と同様、全天候型トラックの出現によってスピードを活かした現在の跳躍スタイルが確立された。
- 記録の節目となる 16m は日本の田島が、17m はシュミット（ポーランド）が記録を更新。18m は現在の世界記録保持者であるエドワーズが更新している。

世界新記録（抜粋）

記録	名前	国名	年
15m52	ダン・エーハン	アメリカ	1911
15m58	織田幹雄	日本	1931
15m72	南部忠平	日本	1932
15m78	ジャック・メトカルフ	オーストラリア	1935
16m00	田島直人	日本	1936
16m56	アデマール・ダ・シルバ	ブラジル	1955
16m70	オレグ・フェドセーエフ	ソ連	1959
17m03	ヨーゼフ・シュミット	ポーランド	1960
17m22	ジュゼッペ・ジュンティーレ	イタリア	1968
17m27	ネルソン・プルデミシオ	ブラジル	1968
17m40	ペドロ・ペレス	キューバ	1971
17m44	ビクトール・サネイエフ	ソ連	1972
17m89	ジョアン・カルロス・デ・オリベイラ	ブラジル	1975
17m97	ウイリー・バンクス	アメリカ	1985
18m29	ジョナサン・エドワーズ	イギリス	1995

日本新記録（抜粋）

記録	名前	所属	年
10m96	原川五郎	日本体育大学	1918
11m57	森田俊彦	東京農業大学	1919
12m31	奥山一三	神戸高商	1919
12m45	佐藤信一	東高師	1919
12m76	坂東誠吾	法政大学	1920
13m45	佐藤信一	東高師	1922
15m58	織田幹雄	早大クラブ	1931
15m72	南部忠平	浪速倶	1932
15m75	原田正夫	京都大学	1934
16m00	田島直人	京都大学	1936
16m48	小掛照二	大昭和	1956
16m63	村木征人	東海大教	1972
16m67	井上敏明	法政大学	1972
16m76	中西正美	日本大研究員	1981
17m15	山下訓史	日本電気	1986

三段跳：女子

- 世界記録は 1995 年の世界陸上競技選手権大会（イエデボリ）で、クラベッツ（ウクライナ）が記録した 15m50。男子三段跳の世界記録もこの大会で出ており、三段跳の男女の世界記録は同一大会で達成されたことになる。
- 女子三段跳の世界記録は 1990 年から国際陸上競技連盟で公認された。世界選手権でこの種目が開催されたのは 1993 年の世界陸上競技選手権大会（シュツットガルト）。
- 日本記録は花岡麻帆（三英社）が 1999 年の日本選手権で記録した 14m04。
- 女子三段跳の日本記録は、戦後に公認対象種目から外れていた。公認記録は公認対象種目となった 1986 年以降のものが対象となっている。

*　　戦前の公認対象外種目時代の記録
**　 戦前の公認対象種目時代の記録
*** 日本陸連公認対象種目以前の記録

世界新記録（抜粋）

記録	名前	国名	年
11m62	人見絹枝	日本	1926
11m66	山内リエ	日本	1939
12m47	テリー・ターナー	アメリカ	1982
12m51	メロディ・スミス	アメリカ	1983
12m98	イースター・ガブリエル	アメリカ	1983
13m21	テリー・ターナー	アメリカ	1984
13m58	ウェンディ・ブラウン	アメリカ	1085
13m68	エスメラルダ・ガルシア	ブラジル	1986
13m85	シェイラ・ハドソン	アメリカ	1987
14m52	ガリナ・チスチャコワ	ソ連	1989
14m54	Li Huirong	中国	1990
14m95	イネッサ・クラベッツ	ウクライナ	1991
14m97	ヨランダ・チェン	ロシア	1993
15m09	アンナ　ビリュコワ	ロシア	1993
15m50	イネッサ・クラベッツ	ウクライナ	1995

日本新記録（抜粋）

記録	名前	所属	年
11m625 *	人見絹枝	京都一女教	1926
11m66 **	山内リエ	中京高女	1939
12m11 ***	三宅直子	東海大学	1985
12m23	城戸律子	新日鉄八幡	1986
12m54	土屋由美子	大昭和	1988
12m60	磯貝美奈子	ナイキ・ジャパン	1989
12m77	土屋由美子	大昭和	1989
12m81	前川明子	添上クラブ	1990
13m06	森岡洋子	大昭和	1993
13m23	橋岡直美	ゼンリン	1995
13m31	阿部祥子	福岡大学	1995
13m35	西内誠子	旭中教	1996
13m35	花岡麻帆	順天堂大学	1998
13m40	西内誠子	高知女子クラブ	1998
14m04	花岡麻帆	三英社	1999

あとがき

　跳躍種目の面白さは、メンタルな部分が影響することにあると私は思っています。試合での試技は一人ずつ行われ、スタートのタイミングも誰からも強要されることなく、自分のタイミングでスタートできます。

　ところが、いつもと同じように跳んでいるつもりでも、記録や勝負がかかったときは、心理面に微妙な影響が出て、急に足が合わなくなったりして跳べなくなります。つまり、メンタルな部分をコントロールできないと、決して記録は出ないし、試合にも勝てない。本当にやっかいな種目です。

　しかし、面白いことに、一度その高さや距離が跳べるようになると、その後はそれまでの苦労が何でもなかったかのように、跳べるようになるものです。跳べたということで、自信がつくのでしょう。これが跳躍種目の面白さだと思います。

　では、どうしたらこの自信をつけることができるのでしょうか？　私の答えは、練習すること以外にはありません。日々、練習に取り組み、努力することで、試合に必要な思い切りのよさや自信が自然についてくるのだと思います。自分でよくやったと思えるくらいに練習して、試合ではドキドキする緊張感を楽しんでください。

本書では、私自身が跳躍に必要だと思われる基本的なことについて触れてきました。特に、地面反力の作用線上に体を乗せるという「軸づくり」は、私の中では跳躍種目のみならず、陸上競技に共通した根幹となるものです。これは感覚的な言葉で説明されることが多く、難解に感じられ、はじめは体感しにくいものかもしれません。

　しかし、「グン」と胸や頭に力が突き抜ける感覚は、跳べたときには、誰でもわかるものです。本書で紹介した練習方法を参考にして、自分自身の感覚を頼りに探ってみていただければと思います。

　これからの目標とする大会で活躍してくれることが私の願いです。本書がその一助になれば幸いです。

　最後になりましたが、暑い炎天下にモデルとして撮影に協力してくれた日本女子体育大学陸上競技部のみんなに感謝します。本当にありがとうございました。

吉田 孝久

吉田孝久（よしだ・たかひさ）

日本女子体育大学教授 同大学陸上競技部部長・監督

1970年生まれ、神奈川県出身。筑波大学大学院修了、博士（コーチング学）。日本陸上競技連盟強化委員会オリンピック強化コーチ男子走高跳担当、日本オリンピック委員会強化スタッフ。2011、13、15、17、19年世界選手権跳躍コーチ、2016年リオデジャネイロ・オリンピック跳躍コーチ。2017、18、19年には跳躍種目で3名の学生チャンピオンを輩出。上郷高校時代はインターハイの走高跳で2m20の大会記録を樹立。筑波大学時代に2m23、2m25の日本ジュニア記録（当時）を更新。2m28の学生記録（当時）を跳躍。大学卒業後はミズノに就職し、1993年に日本記録（当時、2m31）を樹立。主な国際大会は、シドニー・オリンピック代表、世界陸上に2回、アジア大会に優勝を含め3回出場。三段跳でも国体（熊本）で優勝の経験がある。

［協力］
走高跳　北原千愛・神坂莉子
走幅跳　河添千秋・藤田和音
三段跳　宮本佳苗・北川莉奈

りくじょうきょうぎ にゅうもん
陸上競技入門ブック

ちょうやく　だい　はん
跳躍　第2版

2011年11月30日　第1版第1刷発行
2021年 2月20日　第2版第1刷発行

　著　者　よしだ たかひさ　吉田孝久
　発行人　池田哲雄

　発行所　株式会社ベースボール・マガジン社
　　　　　〒103-8482　東京都中央区日本橋浜町2-61-9 TIE浜町ビル
　　　　　電話　03-5643-3930（販売部）
　　　　　　　　03-5643-3885（出版部）
　　　　　振替口座　00180-6-46620
　　　　　http://www.bbm-japan.com/

　印刷・製本　共同印刷株式会社

ⒸTakahisa Yoshida 2021
Printed in japan
ISBN978-4-583-11340-1 C2075